いばらない生き方
テレビタレントの仕事術

中山秀征

新潮社

まえがき

この本を手に取ってくださったあなた、ありがとうございます。
はじめまして、〝テレビタレント〟の中山秀征《ひでゆき》です。

突然ですが、一つ質問させてください。
あなたは「テレビタレント」という肩書にどんなイメージを持っていますか？
良いイメージだと嬉しいのですが、悪いイメージを持つ人も少なくないかも……。
ただ「何のイメージもない」よりは、悪いイメージの方がよほど嬉しいです！

僕が働く「芸能界」では〝一つの道を極める〟のが美徳とされていることもあり、情報番組やクイズ番組の司会をしたり、ロケで楽しそうに遊んだり、時にドラマや歌番組にも出るテレビタレントに対し「節操がない」「軽い」なんて声も少なからずあります。

それでも僕は、テレビタレントという肩書に強いこだわりがあり、誇りを持って、この肩書を名乗っています。

尊敬する先輩、志村けんさんは「コメディアン」、ビートたけしさんは「芸人」、高倉健さんは「映画俳優」と、自分の肩書に誇りを持ち、その道を極めたように、僕もいつしか「テレビタレント」の道を〝極めたい〟、いや、頂点まで極められなくても、とことん深くまで〝究めたい〟と思うようになりました。

そんな思いでテレビの仕事と長く向き合っているうちに、最近、少し下の世代の方から、こんな質問をされる機会が増えました。

「ヒデさんは何があっても、なぜいつも明るいの?」

「つらかったことや苦しかったことを、面白かった、と言えるのはなぜ?」と。

確かに、芸能生活を振り返れば、大変だった時期もたくさんありました。

デビューが決まっていないのに上京し、栄養失調になった16歳の冬。

歌も芝居もダメでバラエティ班にギリギリのところで拾ってもらったデビュー前。

お笑い第3世代の波に飲まれ、はじめて「負け」を認めたあの日。

カリスマ初代社長が亡くなった後に訪れた、所属プロダクションの大混乱。

さらに、突然の恋愛スキャンダルに、天才コラムニストからの痛烈な批判……。

いやいや、本当に、色々ありました(笑)。


でも、確かに僕は、こういった出来事を、「つらかった」ではなく、すべて「面白かった」と心から思って生きてきたんです。


自分でも「なぜだろう……」と考えていた頃、『週刊新潮』さんから、「コラムを書きませんか?」とオファーをいただきました。

実は、これまで、僕は自分の経験を「楽しいエピソード」として披露することはあっても、経験を通じて得た「考え方」や「思い」を発信することには照れもあって、「執筆」という仕事に、あまり積極的になれませんでした。

それでも、この度、筆を取ろうと思った理由は、本書の中にもありますが、僕は「誰かの提案」は、まず受け入れて、やってみる、というスタンスで仕事をしてきたからです。

こうして、2022年8月、『週刊新潮』で、「テレビタレント、やってます。」という連載をスタートさせ、14歳でテレビの世界の入り口に立ってから40年以上、様々なテレビの現場で学んだことを振り返りながら、〝芸人〟でもなく〝司会者〟でもない〝テレビタレント〟としての仕事術を紹介するとともに、僭越ながら、僕の「生き方」や「考え方」について、約1年間にわたり、あれこれと綴ってきました。

本書は、その連載に加筆修正し、再構成したものです。


書籍化にあたって、タイトルをどうしようか頭を悩ませたのですが、連載の時から伴走してくれた新潮社の編集者さんや、現在、僕を担当している30代前半のマネージャーから、「いばらない生き方」という素敵なタイトルを提案されました。

ちょっと照れ臭いけど、この提案も、受け入れてみることにしました。


僕の経験を綴った本書が、あなたの仕事や生活に少しでも役立てばと願っています。

あまりお役に立たなかったとしても、この本を読んだ後に、あなたが少しでも「明るく楽しい気持ち」になってくれれば、とても嬉しいです。

それでは、どうぞよろしくお願いします。

いばらない生き方
テレビタレントの仕事術

目次

第2章　憧れの人たちに学んだ明るく生きる〝技術〟と〝マインド〟

第3章　人生のピンチを〝明るく〟乗り切る方法

第4章　それでも、テレビの未来は明るいと言える理由

いばらない生き方

テレビタレントの仕事術

第1章

テレビの現場で学んだ〝明るい〟のつくり方

DAISUKI！　初MCで学んだ〝楽しい〟のつくり方

テレビの中で本気で遊ぶ

40年にわたり、数え切れないほどたくさんのテレビ番組に出させてもらいましたが、その中でも「テレビタレント中山秀征の原点は？」と聞かれれば、間違いなく、日本テレビ系『DAISUKI！』（1991〜2000年）を挙げます。25歳で初めて本格的にMC（進行役）を任せてもらったこの番組で、僕は自分が目指すべきスタイルを自覚することができました。

番組を知らない若い読者の皆さんに説明すると、『DAISUKI！』は、僕と、松本（明子）さん、ナオちゃん（飯島直子さん）の、当時20代半ばだった3人の男女が、テレビを通じて〝日常の遊び〟を見せていた番組です。

3人で商店街をブラブラ歩いたり、不動産屋さんと物件を探したり、パチンコや麻雀、時には、居酒屋で日本酒を飲み本気で酔っ払うなど、とにかくテレビの中で本気で遊んでいました。

今なら「それって、普通のテレビ番組じゃない？」と感じる方も少なくないかもしれません。

でも、放送が始まった1991年は、まだまだテレビを観る人も、テレビの中の人たちも、「バラエティはスタジオを中心に作り込むモノ」という常識が強く残っていた時代でした。

それにもかかわらず、毎週オールロケで〝遊び〟を見せるバラエティは新鮮だったのか、「土曜の夜に肩の力を抜いて観られる」と支持され、深夜番組としては異例ともいえる高視聴率（最高14・7％）を獲得したこともありました。

ただ、「バラエティはかくあるべし」という方々からは「あんなのテレビじゃない」と辛辣なご意見も……。特にMCの僕は「テレビで遊んでいるだけ」「芸がない」などとバッシングも受け、コラムニストのナンシー関さんからは「生ぬるいバラエティ番組」の「象徴的存在」なんて書かれたりもしました。

そんな、「中山秀征はテレビの中で何やら楽しそうに遊んでいるタレント」というのは、好き嫌いにかかわらず、僕を知ってくれている方々の多くが僕に対して抱いているイメージではないでしょうか。

そんなイメージ、言い換えれば、僕のスタイルが生まれた番組が『DAISUK

I！』。それも、意図しない「ハプニング」から生まれたものでした。

MCの役割は「空気」を伝える？

初回ロケを迎えるにあたり、僕は「番組のキーパーソンは飯島さんだ」と考えていました。

というのも、実は僕は、番組スタートから約1年半後に、2代目MCとして途中参加した追加メンバーでした。レギュラーの2人と早く打ち解けた雰囲気を出さなければと、始まる前から少し焦っていました。

もっとも、松本さんは同じ事務所の先輩で10年来の信頼関係があるし、普段通りで大丈夫だろう、という安心感がありました。

問題は、ほぼ初対面の飯島直子さん。彼女と番組内で上手く絡むためには……。それまで見てきた先輩MCの方々のテクニックを振り返りながら、あれこれ策を練っていたのです。

しかし、長く考えていた〝あれこれ〟は、初回のロケで、あっさり覆されました。それも、想像をはるかに超える良い方向に。

初回のロケ地は若者の街・渋谷。当時流行していたバスケの「3 on 3」にチャレンジしました。

試合が始まり、僕がシュートを決めた直後、なんと、ナオちゃんから突然ハグされたのです。当時は同世代の女優さんからハグされるなんてなかった時代ですから、ただただ驚いてしまって……（笑）。

「これはテレビ。何かコメントしなきゃ」と焦った次の瞬間、経験したことのない雰囲気を感じました。目の前のナオちゃんは満面の笑み、松本さんも周りにいるスタッフも、とにかく楽しそうに笑っている。ロケ現場全体が、何かこう、キラキラした楽しい空気に包まれていたのです。

「もしかして、この〝楽しい空気〟を伝えるのが、僕の役割なのでは……？」

まだぼんやりしていた、MCという仕事の輪郭が少しだけクッキリした気がしました。

それは、カメラに向かって「僕のこの発言、この行動を撮ってください」と主張して〝見せる〟のではなく、「楽しんでいる僕たちを、どうぞどこからでも撮ってください！」と〝見てもらう〟イメージ。ゴールが決まれば、3人で喜びを分かち合い、決められれば3人で地団太を踏んで悔しがる。感情を爆発させ全力で楽しむことを意識したロケは想像以上に大盛り上がりしたのです。

そしてロケが終わった時は、僕だけではなく、松本さんもナオちゃんも、スタッフのみんなの表情にも、「この番組は行ける！」という確信が生まれているように見えました。

「今、テレビの中で起きていることは、こんなに楽しい！」

明るく楽しい空気を伝えることが、僕に向いているMCスタイルなのかもしれない。初回ロケをキッカケに、テレビタレントとして大きな一歩を踏み出せました。

そして、楽しい空気を作り、その空気を伝えるための具体的な手段も、このあと僕は、『DAISUKI！』を通じて、多く学んでいくのです。

テレビで「日常」を感じさせるワザ

誰もが経験する〝日常の遊び〟をテレビにした、当時としては斬新な番組。

これが、多くの人が語ってきた『DAISUKI！』評でしょう。ただ、僕なりにもう少し深掘りさせてもらうと、この番組の凄さは、テレビなのに〝日常〟を感じさせる、その技術や演出にあったと思います。

そもそも、日常生活にテレビカメラが入ったら、それは非日常です。ドキュメンタリー番組だって、カメラが回ったら、取材対象者は少し演技もするし……。撮られることが仕事のタレントは、なおさら〝演じてしまう〟もの。

ところが、『DAISUKI！』のスタッフは〝演じさせない〟演出が抜群に上手かった。

たとえば、番組の代名詞ともいえる〝街歩きロケ〟では、出演者を後ろから映す「バックショット」を多用していました。背中って、どうしても隙が出るし、カメラを意識していないから自然と素に近いトークになるんです。

そして、もう一つ、大きな効果があって……。実は、このバックショット多用の演出は「視聴者に4人目の出演者になって欲しい」という考えのもと、演出陣が知恵を振り絞って生み出した〝発明〟とも言えるものでした。

僕、松本さん、ナオちゃんと同じ目線で街の景色を見たり、会話を背中越しに聞いたりすることで、テレビを観ている人も、僕らと一緒に街を歩いているような気持ちになれる。平成初期のテレビで、VR映像のような〝参加型〟を意識していたそうです。

背中越しに街歩きをするシーンは、その後、街ブラ系番組の「定番の画《え》」になっていますが、もしかしたら、その意図や効果は、それほど広く知られていないし、作り手の方でも深く理解している人は多くないかもしれません。意識しないほど定着した手法になった、とも言えますね。

他にも、「説明ナレーションを入れない」「テロップでコメントのフォローをしない」など、日常の雰囲気を身近に感じてもらうため、あえて〝引き算をする〟細かな工夫も施されていました。

僕自身はというと、番組内のトークでは常に日常感を意識していました。

例えば、ナオちゃんに大物歌手との熱愛報道があった時のこと。観ている人は、絶対にその話を聞きたい（もちろん僕も松本さんも！）。そんな時、『DAISUKI！』のトークはどんな感じになるかと言えば……。

まず、僕が「あぁ、夏休みだね～ナオちゃん。こんな時のBGMは？」と軽く振りを入れます。するとナオちゃんは「ん～。サザンかなぁ」なんてトボけてくれる。肝心なことを言葉にしていなくても、ナオちゃんの表情や声のトーンで「噂の彼とは、うまくいってるな」という雰囲気は伝わります。伝わったら、それ以上は踏み込まない。膨らまさない。わかる人にはわかるし、わからない人にも楽しそうな雰囲気は香ってくるもので……。

ポイントは「香る」で止めておくこと。実際の日常会話だって、実は細かい言葉よりも雰囲気で、相手の伝えたいことを感じとることが多かったりしませんか？　こんな風に、『DAISUKI！』では、トークでも〝日常の香り〟を大切にしていました。

今なら、番組を観ながらSNSで「ナオちゃん、うまくいっているんだね」とか、

「中山、今の結構攻めたな〜」とか実況しながら、〝香り〟の解釈を共有できます。何気ない会話の考察もできて、当時以上に番組を楽しめそうです。ただ、当時はX（ツイッター）もインスタもなかった時代。観ている人ひとりひとりが、それぞれの解釈で〝香り〟を楽しむしかありませんでした。

でもだからこそ、「4人目の出演者」としてじっくり番組に入り込み、僕ら3人が感じていた「楽しい空気」を深く共有できたのかもしれません。

当たらないと言われた「男1・女2」の組み合わせ

2022年、BS日テレで22年ぶりに『DAISUKI!』の復活特番が放送され、その後も、不定期ながら特番として何度か放送されています。松本さん、ナオちゃんとのロケは、どれだけ久しぶりでも、故郷に帰ってきたような安心感があります。

2人との出会いは「運命的」としか言えないのですが、実は90年代初めのテレビ業界では、男1人&女2人の組み合わせは「当たらない」と言われていました。

理由はハッキリと分からないのですが、いわゆるジェンダーバイアス（性別役割による固定観念）かと。意図していなくても、男性が女性を従えているような構図に見えてしまったのかもしれません。

ところが『DAISUKI!』での3人の「構図」は全く違いました。ナオちゃんは、釣りのロケで「私、釣りって嫌〜い」「つまんない」とか平気で言っちゃう人。テレビの常識は「つまらなくても、一生懸命やるのがプロ」だけど、日常ならこんな状況はある。日常感を大切にする『DAISUKI!』なら、こんな正直すぎる発言もアリなんです。

そして、一方の松本さんは、爆弾発言をフォローするでもなく、マイペースに釣りを始めちゃう。「ナオちゃん釣り嫌いって……。え? 松本さ〜ん?」と、2人に翻弄されっぱなしの中山。自分を〝曲げない〟ナオちゃんと、自分が面白いと思った方に〝曲がって行く〟松本さんとの間で、3人は常に「1－2」「2－1」、時には「1－1－1」の関係になりました。仲はいいけれど、全員が同じ方向を向いている状態はめったにないんです。

当時20代だった男女3人が腕を組んで歩いていても、変にベタベタした感じに見えなかったのは、一緒にいるのに同じ方を向かない「3人の構図」にもあったと思います。もっとも、腕を組んでいたのは、松本さんの視力が悪く、危険防止のために人の腕をつかむ癖があった、という理由もありますが……。

「ネガティブな浪費」ではなく「ポジティブな無駄」

そんな、この3人ならではの構図をじっくり楽しんでもらうため、『DAISUKI!』の収録には、「たくさん撮って、なるべく編集しない」という不思議なルールがありました。普通は、長い時間カメラを回していろんなシーンを撮影したら、その中から、面白い瞬間、瞬間を切り取ってつなげ、1本のVTRに仕上げていきます。

それが『DAISUKI!』の場合、妥協せずに何時間もカメラを回したうえで、実際のオンエアでは、日常感のある「面白い流れ」の部分を、あまり編集せずたっぷりと使います。

だから、オープニングからの20分をほぼ編集しないで流すこともありましたし、キャンプロケの回では、「スープの味付け濃くない?」「逆に薄くない?」のやり取りで放送時間のほとんどを占めたことも……。「日常感のある面白い流れを丸ごと見せたい!」。出演者もスタッフもその思いは一致していました。

コスパやタイパが重視される今では、『DAISUKI!』のロケは無駄が多いと言われたかもしれません。ただ、「生産性」という点で見れば、決して低いわけではなかった。編集はなるべくしない、台本にはロケ地までの地図などの情報のみ、過剰な事前準備をしない……など、あらゆる無駄を省いて、お金と時間と労力を「当日の収録」に一気に注いでいた感覚です。

〝日常の楽しさを見せる〟という番組の目的がしっかりと共有できていたからこそ、ロケ当日は、全員、粘りに粘るという、一点に集中できたわけです。

とはいえ、室内スキー場のロケで、11時間もカメラを回したときは、スタッフから「もう勘弁してくれ」と悲鳴が上がっていましたが……(笑)。

今振り返ってみると、無駄は無駄でも、目的無く労力を使う「浪費」ではなく、明確な目的に向けて、労力を使ってはいたが、その使い方が過剰だった。つまり「ポジティブな無駄でもあったのかな」と考えています。『DAISUKI!』ならではの〝日常の楽しさ〟の裏には、間違いなく、この「ポジティブな無駄」があったことは確かだと思います。

この「ポジティブな無駄」は、僕のテレビタレント人生のもう一つの原点ともいえる番組でも徹底されていました。

【『DAISUKI!』で学んだ、明るく生きるヒント】

◉「楽しませる」ではなく「みんな一緒に楽しむ」
◉引き算の演出で「日常」を香らせ「空気」を共有する
◉楽しい人間関係は「一緒にいるけど同じ方向を向かない」
◉一点集中の「ポジティブな無駄」は目的共有があってこそ

THE夜もヒッパレ　プロ集団が生み出す〝妥協なき華やかさ〟

苦肉の策で生まれた『THE夜もヒッパレ』

『DAISUKI!』と並ぶ、中山秀征のもう一つの原点が、日本テレビ系で放送されていた『THE夜もヒッパレ』（1995～2002年）です。番組が始まったとき、僕は20代後半でした。

放送終了から20年以上経った今も、「24時間テレビ」などで何度か復活していますが、その都度、音楽バラエティならではの楽しさと充実感、そして、ハンパない緊張感が蘇ってきます。

「ヒッパレ」は妥協を許さない〝プロの仕事場〟でした。

最新のヒットチャートを、本人以外のアーティストが歌う……という「ヒッパレ」の企画は、実は苦肉の策で生まれたと聞いています。

番組が始まった90年代中頃は、ドラマやCMのタイアップからミリオンセラーが次々と生まれていた〝J－POP黄金期〟。アーティストにとっては、それまでのように歌番組に出なくても色々なメディア戦略でCDが売れるようになっていました。

つまり、誰もが知るヒット曲は多いけど、全てのアーティストが歌番組の出演に積極的なわけではない——そんな状況が「本人以外のアーティストが最新のヒット曲を歌う」という〝発明〟につながったそうです。

この番組に出演するアーティストは皆、「人の歌を歌うからこそ」と、歌を大切にする想いが強く、渡辺真知子さん、つのだ☆ひろさん、尾崎紀世彦さんなど、レジェンド歌手の方々の圧巻の歌唱力に加えて、のちに〝アムラー現象〟を巻き起こす安室奈美恵さんら、SUPER MONKEY'S の新人離れしたパフォーマンスも話題となり、たちまち人気番組になりました。

オンエア翌日に、ヒット曲のCDがさらに売れるという意外な相乗効果も生まれて、「ウチのアーティストの曲を、あの人に歌ってもらえませんか？」と、レコード会社からオファーがくることもあったらしいです。

バラエティのノリは通用しない

僕の役割は、三宅裕司さんとMCをしながら、ゲスト歌手のハーモニー部分を歌う〝ハモラー〟担当。毎週、スタジオで、「子ども時代から憧れていた〈音楽バラエティ番組〉に出ている！」という高揚感と、「憧れの場でミスはできない！」という、ヒリヒリするような緊張感を味わっていました。

緊張感の理由は、その収録方法にもありました。

この番組はトークパートと歌パートを別々に収録する「ブロック撮り」ではなく、台本に沿ってオープニングから順番に収録する「順撮り」で行われていたのです。OA《オンエア》と同じ流れのなかで高い完成度が求められる。テレビ収録でありながら、毎週、ステージショーを収録しているようなものでした。

だから「失敗も面白ければＯＫ」というバラエティのノリは通用しません。音が少しズレたり、ダンスの振りが違っていたりすると収録は止まります。

そして、大勢の出演者やスタッフ全員が見ている中、ＯＫが出るまで何テイクもやらなければいけないという悲惨な状況に……。やり直しができる分、この点はステージショーより過酷です。

僕の場合、ハモり部分の楽譜とテープをもらうのが、収録の2、3日前。『ＤＡＩＳＵＫＩ！』のロケの合間に、絶対音感をもつ松本明子さんにおもちゃのピアノで音をとってもらいながら練習をして収録に臨むことも、しょっちゅうでした。最悪の場合、収録終わりに別室に呼ばれて、居残りで音録りなんてこともありましたし……。とにかく毎週ヒヤヒヤでした。

他のバラエティ番組でよく顔を合わせていた出川哲ちゃん（出川哲朗）や、ダチョウ倶楽部のみんなから「『ヒッパレ』には出たい。でも出るのは怖いよ。だってスタジオの緊張感がハンパないからね」とよく言われました。出演者、スタッフ、全員がプロ、妥協を許さない空気が番組づくり全体に漂っていました。

「ヒッパレ」は、その後増える「芸能人カラオケ番組」の〝元祖〟と言われるようになりましたが、僕の捉え方は少し違います。この番組はきっちり稽古して、完璧なショーをお茶の間に届ける、テレビ創成期から続いた「音楽バラエティ番組」の系譜を受け継ぐ〝最後の番組〟だという位置づけです。

熱と憧れが生み出すもの

『THE夜もヒッパレ』の放送がスタートした1995年は、野茂英雄さんが〝憧れの〟MLBのマウンドに立ち新人王を獲得した年です。

この時、すでに芸能界で十年選手だった僕も、「ヒッパレ」の現場では、まるで新人のような気持ちになっていました。

麴町にあった日本テレビのスタジオに足を踏み入れると、ステージ袖では葉巻を片手に談笑する堺正章さんや井上順さんの姿。ステージ上には、グッチ裕三さん、モト冬樹さんのビジーフォー、生バンドや大勢のダンサーもいる。そんなきらびやかな場で、若き日のベッキーやSHELLY、沢尻エリカさんが汗をかきながらリハーサルをしている。目の前に広がる光景はまさに、子どもの頃に憧れていた〝キラキラしたテレビの世界〟。その〝キラキラ〟は画面に映らないところにまで徹底されていました。

たとえばスタジオの一角にあったBarカウンター。そこではリハーサルから収録終了までずっと、バニーガールが2、3人、業界関係者や出演者に飲み物を振る舞ってくれます。ショービジネスの世界の住人になったようで、モチベーションが高まりました。

Barといえば思い出すのが、一人、とてもノリの良いバニーガールがいて、ある日の収録後、僕とモト冬樹さんと3人で飲みに行くことに。この頃は仕事終わりに共演者やスタッフと必ず飲みに行っていました。話が盛り上がってきた頃、「私、実はニューハーフなんです。本名は大西賢示です～」と告白されて……。これがのちに長い付き合いになる、「はるな愛ちゃん」との衝撃の出会いでした。

「キラキラした憧れの世界で働いている！」という熱はスタッフからも感じました。

熱のある現場は活気にあふれ「新たなアイディア」が次々と生まれます。ディレクターは「どの歌番組にも負けない！」と、斬新なカット割りを考え、カメラマンもその熱意に応えようとします。

忘れられないのが、当時、まだ珍しかった女性カメラマン。小柄な彼女は、新人なのに抜群のフットワークで、ハンディカメラをぐるぐる回しながら出演者にドリーイン（近づいて撮影）するといった「新たなワザ」を次々と生み出していました。

一方で、谷啓さんの「ガチョーン」のズームイン・アウトを手動で撮ったという大ベテランが、クレーンの職人芸を披露したり……。ステージ上と同じく「画《え》作り」でも、レジェンドと新世代とが切磋琢磨する相乗効果がありました。

スタジオの中に、それも、映らないところにBａｒを作ってバニーガールまで配置するなんて、まだバブルの残り香があった時代だからこそできた芸当で、今なら「制作費の無駄遣い」と一蹴されるかもしれません。

ただ、これも〝憧れの華やかな世界〟にこだわったからこそのポジティブな無駄で、現場の意思統一や、活気を生み出す効果があったのも事実です。

いまや、テレビを取り巻く環境は大きく変わりました。でも、魅力的なコンテンツは〝憧れ〟を感じる現場から生まれるというのは、時代に左右されないエンターテインメントの原則なのではないかと、僕なりに最近考えたりするのです。

安室奈美恵さんの天才的な「間」

『THE夜もヒッパレ』からは、MAX、知念里奈さん、SPEEDといった沖縄アクターズスクール出身の新人たちが、次々とスターになっていきました。中でも、番組初期にブレイクし、一気に時代の頂点へ駆け上がったのが、安室奈美恵さんです。「秀ちゃんの注目ボード」というコーナーを一緒に担当していたこともあり、「あの安室ちゃんの新人時代って、どんな感じだったの?」と聞かれることも多いのですが、もう、最初から「別格」でした。

はじめてSUPER MONKEY'Sのパフォーマンスを見たときは「衝撃」の一言。まだ大ヒット曲こそありませんでしたが、歌もダンスもあの時代では群を抜くクオリティでした。

特にセンターの安室さんを見た共演者・スタッフの多くが「とんでもない大物になる」と〝確信に近い予感〟を興奮気味に語っていたのを覚えています。

実は彼女は「トークの天才」でもありました。といっても「しゃべりで笑いを取ってやろう」なんて野心は1ミリも持っていません。彼女の〝何気ない一言〟になぜか笑ってしまうのです。

たとえば「安室ちゃん、今日は何で来たの？」と聞くと「電車！」と返してくる。文字にするとなんてことはないこのやり取りも、彼女の〝間〟が抜群だから思わず笑ってしまいます。しかも最後に、「ヒデちゃ〜ん、東京の地下鉄って複雑すぎてわかんないよ〜」なんて一言を加えるだけで、その言葉が、なぜか立派なオチになってしまうのです。

しゃべりの〝間〟が面白いのは、ミュージシャン特有のスキルなのかもしれません。ただ彼女は、その〝間〟が「天才的なレベル」でした。しゃべらないで、「んー」と言っているだけでも周りが彼女に期待し、次の発言が待ち遠しくなってしまう。

そんな能力を傍で感じていたので、本番で突然、安室さんにオチのセリフを任せる、なんてこともよくやっていました。彼女はヒヤヒヤしていたかもしれませんが、僕や他の出演者、スタッフにも「安室ちゃんなら、いつ何時、どんな話題を振っても大丈夫」という安心感があったので、台本通りではなくてもカットされることはほぼありませんでした。突然振られて応える安室ちゃんの一言にスタジオ中が大爆笑、そこにＤＪの赤坂泰彦さんがカットインして……。天才的で唯一無二の、不思議な魅力の持ち主でした。

安室さんも、MAXも、安室さんの後を引き継いだ知念さんも、皆さんに共通していたのは、歌とダンスはハイレベルなのに、感覚はいつまでも素朴で自然なところ。僕のことも「芸能界の先輩」というより「近所のお兄ちゃん」くらいの感覚で接して、いつでも「ヒデちゃん、ヒデちゃん！」と呼んで慕ってくれていました。「ずっとテレビで見てたし、ヒデちゃんは『ヒデちゃん』なんだよね！」と。

どんなに売れっ子になっても業界ズレしない彼女たちの〝自然な振る舞い〟は、時に緊張感も漂うスタジオの空気をいつも和ませてくれました。実は、楽しい番組を作るためにムードメーカーは欠かせない存在です。彼女たちの振る舞いも、立派な「プロの振る舞い」だったと感じています。

【『THE夜もヒッパレ』で学んだ、明るく生きるヒント】

◉プロが集まる現場には「ミスを許さない緊張感」も必要
◉映らない部分にまでこだわり「憧れ」をかたちに
◉現場の熱意と活気は「新しいアイディア」の源
◉魅力あるコンテンツは「憧れ」を感じる場所から生まれる

TVおじゃマンボウ　弱みこそ強み　三冠王前夜の勢い

「視聴率イジリ」を発明した「番宣バラエティ」

現在は、日曜日の朝の情報番組『シューイチ』（2011年～）で毎週皆さんにお目にかかっていますが、日本テレビで生放送のMCを任せてもらってから、早いもので、もう30年になります。

そのはじまりは『TVおじゃマンボウ』（1993～2006年）という番組でした。

実は、この番組をキッカケに、世間に広まった言葉があるんです。

それは、一つのテレビ局が、全日（6～24時）・ゴールデン（19～22時）・プライム（19～23時）の時間帯で視聴率トップを獲る「視聴率年間三冠王」です。

番組内でMCの僕と麻木久仁子さんが「三冠王おめでとう～！」と、くす玉を割るあのクダリ、覚えてくださっている方も多いのではないでしょうか。ではなぜあの時代に、視聴率にこだわったのかと言えば……。

「おじゃマンボウ」は、端的に言えば、日本テレビの注目番組の見所を紹介する、いわゆる番宣番組です。

ただ、それまでの番宣番組と大きく違ったのは「ただの宣伝じゃ面白くない！」と、徹底的にテレビの裏側を見せてイジったこと。〝番宣バラエティ〟という新ジャンルを確立しました。そして、そのイジリの手段が、今ほど視聴者に意識されていなかった「視聴率」だったのです。


たとえばスタジオで、日テレの『世界まる見え！テレビ特捜部』と、同じ時間帯に放送されていた、TBSの『水戸黄門』の〝分計〟（1分ごとの視聴率の推移を示す「毎分視聴率表」）を比較するパネルを見せつつ、「『水戸黄門』は、由美かおるさんの入浴シーンで視聴率が上がる。『まる見え！』が勝つには、入浴シーンが始まる前の時間を強化してチャンネルを替えさせないこと！」なんて、いかにももっともらしくTVウォッチャーの堀井憲一郎さんが分析するんです。

テレビの中でテレビ番組を分析すること自体が、ボケでもあったのですが、当時は、視聴者はもちろん、タレントも〝分計〟を見る機会などなかった時代です。分析を深刻に捉えていた関係者も少なくなかったみたいで……。功罪どちらもありましたが、この〝視聴率イジリ〟は当時のバラエティにおいて、間違いなく発明でした。

弱点は隠さず、むしろ面白く見せる

さらに、視聴率に焦点を当てて生まれた番組の看板企画が「視聴率ランキング」でした。他局も含めた視聴率を毎週発表する企画は、大チャレンジだったはず。

というのも、番組開始の1993年は、「フジテレビ一強時代」でした。ランキングの8割近くをフジが占め、日テレは『クイズ世界は SHOW by ショーバイ!!』だけ、なんてことも……。フジの番組タイトルの背景が赤だったので、ランキングが赤一色に染まる中、日テレのイメージカラーである「緑」は猫の額ほどしかない……。初回放送の後、プロデューサーが担当ディレクターを「バカヤロー！」と叱り飛ばしていました。

僕も「確かにやりすぎだよなぁ」と思いつつ、なおも聞いていると、「何で日テレが緑なんだよ！ 緑は目立たねぇから赤にしろよ！」と……。「え？ そこなの？」と驚いたものですが、翌週、色を入れ替えたパネルを見て納得しました。

確かに「赤の中の緑」より「緑の中の赤」の方が映える！ 『SHOW by ショーバイ!!』と『マジカル頭脳パワー!!』がひと際目立つ!! そして、放送を重ねるごとに赤の面積が広がり、翌年、日テレは初めて絶対王者のフジから三冠王の座を奪いました。

「負けている姿なんて放送するな！」が普通の感覚でしょう。実際、「おじゃマンボウ」を他局が後追いした企画は、全て自社番組のランキングでした。

本来は隠したい弱点を、「どう見せたら面白いのか？」。そんな姿勢を持てるところに、三冠王前夜の日テレの〝勢い〟を感じたものです。


実はその〝勢い〟を、僕は局内の「ある場所」からも感じ取っていました。それは麹町にあった日本テレビの3階ロビーです。

他局のスタッフがこぞってそこに出向き、タレントやマネージャーと打ち合わせをしているシーンを当時よく目にしました。これ、どういうことかと言うと……。各テレビ局が「ウチに出てもらいたい！」と願う、勢いのあるタレントの多くが、日テレで冠番組やレギュラー番組を持っているということ、なんです。

レギュラー番組は収録日や時間が決まっているので、打ち合わせの日時を決めやすい。それ故、他局のスタッフとの打ち合わせを〝日テレのロビー〟でして、今度はその局の番組にゲスト出演したり、レギュラーを持ったりして益々勢いに乗る。もちろん、元々あった日テレのレギュラー番組の勢いはさらに加速して……。大ブレイクの兆しがロビーの賑わいに表れるのです。

僕らタレントは、こうした光景を見ると「今、日テレは相当ノッてるな」と敏感に察知しますし、それは、他局のロビーでも同じ。その時代にノッている局に、各局のスタッフが集うようになります。

相手ではなく、自分を変える

さて、視聴率で負けているという弱点も「面白さ」に変えるのが『TVおじゃマンボウ』のスタンスでしたが、僕も間違いなくその影響を受け、MCとして成長することができました。

忘れられないのが、一緒にMCを務めた麻木久仁子さんとのコンビネーションです。番組をキッカケに「名コンビ」と言われるようになった僕たちでしたが、最初は、まぁ合わなかった（笑）。

麻木さんと言えば、クイズ番組や情報番組で見せる〝優等生キャラ〟と、少し天然ボケで姉御肌な〝バラエティ才女〟という、絶妙なバランスの魅力を持つ女性です。

でも「おじゃマンボウ」が始まった頃は圧倒的に〝優等生〟が強く、仕切りたがりで……。リポーターやアシスタントとして叩き上げた苦労人な上、30歳でつかんだMCの大役。「きっちり進行しよう」と肩に力が入っていたのかもしれません。

そういう僕も25歳で生放送のMCを任され、「俺が盛り上げるぜ！」と肩をブンブン回している状態。鼻息も荒くスタジオを〝めいっぱい〟回していると、麻木さんが「はい！　続いてはこちらのコーナー」と、流れをぶった切り……。その繰り返しで

「この人、合わないなぁ！」と感じていました。もちろん、麻木さんだって同じように感じていたでしょう。

困ったことに、やりづらさだけではなく「生放送」の面白さが死ぬ、との危機感もありました。

というのも、生放送は、ハプニングなど「はみ出す面白さ」が欠かせません。台本通り完璧に進行しても、それだけでは編集の手が入った収録番組に及ばない。あまりにキッチリした進行は、〝生〟の面白さを殺す〝弱点〟になりかねないのです。

麻木さんの弱点を改善するには……。モヤモヤしていた時、ふと、「人を変えるより、自分を変えちゃう方が楽じゃない？」と思ったのです。番組を仕切る男性ＭＣと、補佐する女性アシスタント、と何となく思い込んでいた〝役割の意識〟を、「近所の悪ガキと、それを叱るお姉ちゃん」のイメージに変えてみました。

進行する麻木さんを、年下の中山が邪魔する構図です。まぁ、実際にやったことは、茶々を入れたり、虫のおもちゃを見せてびっくりさせたりといった、くだらないイタズラでしたが、麻木さんの「キャッ！　やめなさいよー！」なんてリアクションがチャーミングで、それまでなかった、グルーヴ感のようなモノが生まれ始めました。頭の良い麻木さんは、すぐに僕の意図を理解してくれて、そこからコンビネーションが格段に良くなったのです。

流れをぶった切られても「麻木さん、進行がうまい！　うますぎて面白味に欠ける」「ヒデちゃん、なんてこと言うのよ⁉」なんて掛け合いをしているうちに、僕が〝弱点〟と勝手に思い込んでいた「仕切りたがる優等生」キャラが、番組に欠かせない〝強み〟になっていきました。

あの時、自分の中のMC像にこだわり、「麻木さん、俺がやりやすいように一歩引いてもらえませんか」とお願いしたとしたら、きっと、器用な麻木さんはやってくれたでしょう。でも、それでは麻木さんの個性は生きないし、そもそも、「自分がぐいぐいと前に出て番組を盛り上げる」という、イメージしていた従来のMCスタイルが僕に向いていたとも思えない。お互いに、向いていない、楽しくない役割を「仕事」と割り切って続けても、現場に行くのがどんどんしんどくなっていたはずで、そんな番組が13年も続くことはなかったでしょう。僕の経験上、「現場に行きたくない番組」って、なぜかすぐに終わりますから（笑）。

麻木さんは、よほど「現場に行きたい」と思ってくれたのか、出産1週間前でも出演してくれました。まだ僕は結婚もしていなかったので、毎週大きくなっていくお腹を見ると心配で……。番組では「麻木さん、ここで産むんじゃないですよね⁉　そろそろ休んでくださいよ」「いや、来る！　休んだら私の代わりに若い子を入れるでしょう⁉」「何言ってるんです！　当たり前じゃないですか！」なんて、今なら炎上しそうな憎まれ口を叩いていましたが、無事に出産したという知らせを聞いた時は心からホッとしました。そこからわずか数週間で復帰した時も、かなり驚きましたが（笑）。

後年、麻木さんから「ヒデちゃんには助けてもらった」と感謝されたこともあります。嬉しい言葉ですが、助けられたのは僕の方です。「相手ではなく、自分を変える」「弱点と思い込んでしまいがちな部分こそ〝強み〟だったりする」。あの時の〝気づき〟は、30年経った今も、生放送のMCをする際の大きな武器になっています。

生放送の活気を失わない野球中継

『TVおじゃマンボウ』が始まった1993年は、〝ミスタープロ野球〟長嶋茂雄さんが2度目の指揮を執った最初のシーズンの年でした。大のG党である僕は、長嶋巨人のおかげで、自ら「名物企画」を生み出したんです。

「おじゃマンボウ」のスタッフは、常日頃から若い僕の提案をいつも快く取り入れてくれました。

例えば、番組のオープニングで、「今日は○○高校の皆さんが来ていまーす！」「ワー」とプラカードを持っている中高生を紹介することや、台本と同じ表紙の〝オリジナルノート〟を作って出演者のサインを入れ、じゃんけん大会で観覧のお客さんにプレゼントすることは、僕がスタッフに提案したことです。どちらもスタジオの「活気づくり」のためでした。

後述しますが、デビュー直後、〝生放送の聖地〟新宿スタジオアルタでみっちり修業していた頃、「生放送は、スタジオの活気が視聴者にダイレクトに伝わる」と教わっていました。だから、MCを務めるようになり、放送中に盛り上げるのはもちろん、番組が終わってからも「後説《あとせつ》」でお客さんに「また観に行きたい」「楽しかった」と感じてもらって、観客も出演者の一人になってもらいたいと考えたのです。実際スタジオは大変賑やかで、うるさいくらい活気に満ちていました。

そんなスタジオでも、どうしても活気が失われてしまう場面がありました。番組後半で、巨人戦のナイター中継の見どころを紹介するブロックです。

僕がスタジオから「今夜の試合の見どころは？」と振ると、画面が東京ドームに切り替わる。あとはひたすら一方通行の流れで、解説者の話が続く中、試合前だから、カメラは誰もいないグラウンドやベンチの中を映すだけ。

いわゆる「空画《からえ》」が続く約5分、スタジオの活気はどんどん失われます。せめて

「空画」だけでも何とかできないか……。

そう考えていた僕は、飲み友達だった元木大介選手（前・巨人軍コーチ）に直談判しました。「モックン、（試合前の）5時40分頃、何してる？」「ミーティングも終わってベンチ裏かな」「じゃあ、出てきて手を振ってくれない？」「マジで⁉　全然いいけど……」。

次の週、ベンチに出てきた元木選手が、カメラマン席に向けてニコニコと手を振るシーンが映ると、スタジオは大爆笑。視聴者からも好評でした。

しばらく、そんなイタズラのようなことを続けていると、ある時、中継班が「せっかくだから、スタジオと元木選手がやり取りできるように」と、特別に、ベンチにTVモニターを置いてくれました。

僕がスケッチブックに「今日は打てそう？」と書いてスタジオのカメラに見せると、モニターを見た元木選手は球場のカメラに向かって手で大きく「×印」を出す。「おい！　あきらめるなよ！（笑）」と僕がツッコミを入れて……と、こんなやり取りが次第に番組の名物になっていきました。

この時驚いたのは日テレ中継班のスピードです。〝面白くなる〟と判断したら、バラエティ班とスポーツ班の垣根を越えて、すぐに仕掛ける。当時の長嶋巨人のスローガン「スピード&チャージ」を体現していたのでしょう。

ちなみに、元木選手の名誉のために言っておきたいのは、放送のある土曜日の得点圏打率が、他の曜日より高かったことです（笑）。

さらに、このコーナーがプロ野球界に次第に浸透していくと、巨人以外の球団も協力してくれるようになりました。

〝ハマの大魔神〟ことベイスターズの佐々木主浩投手が、突然、ヘルメットを被ってネクストバッターズサークルに現れ、バットを振ってくれたこともありました。試合終盤にならないと見られない日本を代表するクローザーが、わざわざ試合前の早い時間に出てきてくれて……。番組とプロ野球を盛り上げるために、他にも多くの選手がこのコーナーに参加してくれました。

試合前は楽しく、プレイボールがかかれば真剣勝負とは、これぞプロ。選手たちには今でも感謝しかありません。

やや突飛な提案からはじめた試みでしたが、元木選手のおかげでスタジオの「活気」につながり、番組後半の視聴率も向上しました。

その上、このコーナーをキッカケにプロ野球に興味を持つようになった視聴者の方や、逆に、プロ野球ファンの方が「おじゃマンボウ」に注目してくれるようになったりと、番組と野球中継の相乗効果も生まれたのです。
しかし、一つ、大きな心配もありました。長嶋監督、ミスターは怒っていないだろうか……。ある日、恐る恐る元木選手に「監督から何か言われてない？」と尋ねると……。「言われたよ。『ん～大介。どんどんやれぇ～』って」。さすが国民的大スター！　心が広い！　東京ドーム何個分でしょうか⁉
課題だった「空画」から生放送に欠かせない「活気」を生み出すことができたのも、この番組が持っていた「弱点を強みに変える」という姿勢があったからだと思っています。

【『TVおじゃマンボウ』で学んだ、明るく生きるヒント】

◉「弱点」は見せ方次第で「強み」にもなる
◉「自分の中の理想像」は「先入観」かもしれない
◉「現場に行きたい」は職場の活気のバロメーター
◉「相手を変える」ではなく「自分が変わる」

殿様のフェロモン　楽しいVS面白い　信念のぶつかり合い

今田耕司VS中山秀征　生放送でガチンコ勝負

生放送ならではの楽しさをMCとして初めて体感したのが「おじゃマンボウ」だとすると、同じころ、MCとして、生放送の〝苦しさ〟（怖さ？）も初めて体験しました。

その番組は、フジテレビ系で1993年10月からスタートしたバラエティ『殿様のフェロモン』です。

この番組で、僕とダブルMCを務めたのが今田耕司さん、今《いま》ちゃんです。今田さんといえば、テレビ界の誰もが認める〝名司会者〟。特に、漫才の頂点を決める年末の風物詩『M－1グランプリ』（ABCテレビ・テレビ朝日系）や、大ベテランから若手まで大勢出演する『オールスター感謝祭』（TBS系）といった生放送の大型特番は、広い視野でスタジオ全体を見て、出演者に的確なパスを出す、今田さんの天下一品の回しのテクニックが最も発揮される場ではないでしょうか。

しかし、約30年前、初めて一緒に仕事をした時の彼は、どんなジャンルの共演者とともにこやかに場を盛り上げる今の姿からは想像もできないほど殺気を放ち、その目は〝一点のみ〟を見つめていました。その視線の先にいた僕が感じたのは……。

「この男は、生放送でオレを潰しにきている」

和解まで15年を要することになる今ちゃんとのファーストコンタクトは「最悪」でした。

「土曜の深夜に『オールナイトフジ』っぽいノリの番組をやりたいんだよね」

「殿フェロ」のプロデューサーからオファーを受けた時、僕は心の中でガッツポーズしました。『オールナイトフジ』といえば、とんねるずさんの人気に火を点け、女子大生ブームという社会現象を生んだ、80年代のフジテレビのスローガン「楽しくなければテレビじゃない」を象徴する番組です。

その流れを汲む番組のMCなんて、テレビっ子にとっては夢のような仕事。

生放送のスタジオで女の子たちとわいわいゲームをしたり、ちょっとお酒も飲んだり、当時若い世代にブームだったサーフィン情報も紹介したりする「楽しい番組」のイメージが膨らみ出演を快諾しました。

僕にとって、14本目のレギュラーとなる番組への出演は、こうして決まりました。

番組が始まる少し前、六本木で主要スタッフとキャストによる決起会が開かれ、そこで今田さんと初めて顔を合わせたのですが、どうにも様子がおかしい……。

今田さんは年齢こそ僕より1歳上ですが〝同世代〟です。親睦を深めようと、こちらからいろいろと話しかけても「あ、ハイ……」とつれない返事。ビールを注ごうとしても「結構です」と、グラスに口もつけない……。僕はこのあと水着パブでも一緒に行こうと思っていたのに（笑）、まったく〝決起〟できないまま会はお開きになりました。

「こんな感じで楽しい番組ができるのかな？」と少し不安を覚えましたが「まぁお互いプロだし、いざ始まれば、仲の良い〝テイ〟でやるのだろう」と、元来の楽観主義もあり、さほど気に留めず初回放送に臨んだのですが……。

迎えた生放送本番。今田さんの思いは、僕とは全く違うということがすぐに分かりました。スタジオはテンションこそ高いものの、ギスギスした緊張感に包まれ、楽しさとは程遠い雰囲気。

その理由は、ダブルMCの〝嚙み合わなさ〟にありました。

今田さんは、僕のことを「ヒデちゃん」とは呼ばず、頑なに「中山クン」と呼び、こちらの〝振り〟には全く取り合わず、薄いリアクションを返すだけ。僕が10代の頃から学んできた、出演者全員で番組を盛り上げるという「テレビのルール」が一切通じない。

しかも、その振る舞いからは、こちらを潰しにきていることは明白でした。

驚き、戸惑うと同時に「念願だったフジの土曜深夜」が、自分の思い描いていた「楽しい生放送」とあまりにもかけ離れてしまったことに、徐々に怒りも湧いてきました。

ひな壇に目をやると、〝若手芸人〟の、ナイナイ（ナインティナイン）、よゐこ、極楽とんぼといった、後の「めちゃイケメンバー」たちが、何やら思いつめた表情をしています。「何が起きるのか……」「この先どうなるのか……」。

それぞれの思いが交錯するスタジオで、僕は、敬愛するプロレスラー・アントニオ猪木さんの顔を思い浮かべてひと呼吸した後、ややアゴを突き出し、心の中で、こう叫びました。「やってやろうじゃねぇかコノヤロー！」。

「どちらが強いか」と「相手の強さをどう見せるか」

「生放送で潰しにくる」といっても、実際に殴ったり蹴ったりするわけではないので、その感覚を言葉にするのは、なかなか難しいものです。

なので、僕は「殿フェロ」での今田さんとの〝嚙み合わなさ〟を表現するとき、よく「プロレスの試合だと思ってリングに上がったら、今ちゃんはＵＷＦスタイルで来た」というたとえ話をします。これには「なるほど！」と膝を打つ人もいれば、プロレスに詳しくない人からは「ん？」と怪訝な顔をされることもあり……。

せっかくなので、このたとえ話を、もう少し掘り下げて説明させてください。

僕だけではなく「バラエティ番組とプロレスは似ている」と言うタレントは結構います。その人がプロレス好きか、そうじゃないかで、〝たとえ〟の意味は異なるのですが、僕の場合は、バラエティとプロレスは「受けの美学」という点が、似ていると考えています。

プロレスの試合は「どちらが強いか」も大切ですが、同じくらい「相手の強さをどう見せるか」も重要。一流のプロレスラーは、しょっぱい（＝あまり強くない）相手と戦っても、試合の中で相手の魅力を引き出し、会場を盛り上げます。

僕が大好きだった〝燃える闘魂〟アントニオ猪木さんは、現役時代、その強さはもちろんのこと、技をキレイに受けきり、相手の強さを伝える能力が天才的に長けていたことから、「猪木はホウキが相手でも名勝負ができる」とまで言われていました。

これがいわゆる受けの美学。

背景の違うタレント同士がバラエティでそれぞれの個性を発揮し番組を盛り上げるためには、〝お互いに受けて面白さを引き出し合う〟プロレスラー的な能力が欠かせないと考えています。

一方、その猪木さんの弟子である前田日明さんらが立ち上げ、80年代中盤に大ブームを起こした団体がUWFです。「勝負」にこだわり、「従来のプロレスはニセモノ」「ロープに振らない」「決着は原則KOかギブアップ」と、格闘技色を前面に押し出したスタイルで、「信者」と呼ばれる熱狂的なファンを集めました。

「従来のテレビはヌルい」「ごちゃごちゃ言わんと、誰が一番面白いか決めようや」。90年代前半の〝お笑い〟を取り巻く空気は、UWFのそれと非常に似ていました。

今田さんが「殿フェロ」のスタジオで挑んできた「お笑い（UWF）」の戦い方は、僕が学んできた〝受けて引き出し合う〟「テレビバラエティ（プロレス）」とは全く違いました。ロープへ振っても返ってこないのと同じように、今田さんにトークを振っても返ってこない。こちらのトークの〝返し〟が少しでも弱ければ「おもろない！」と一気に関節を極めにくる。

「この番組で、一番面白いのは俺だ」と訴えてくるような今田さんのスタイルに対し、まだ26歳で負けん気も強かった僕は、「この番組を、一番面白くできるのは俺だ」と〝プロレスを貫く〟ことで戦いました。90分間の生放送中、アシスタントの常盤貴子さん、八木亜希子アナ、若手芸人のみんな、フェロモンズの女の子たちまで、とにかく全員に話を振り、受けて、拾い続ける。

「バラエティ番組で大切なのは〝受けの美学〟と、それを毎週、フルタイム続けられるスタミナだ」

そう自分に言い聞かせるように、いつも以上に明るく〝ヒデちゃん的〟に振る舞っていました。

とはいえ、技術的には未熟で、今思えば「凡戦」になることも多かった気がします。何より、かなりムキになっていたかもしれません。それは「相手が今田さんだったから」というよりも、「お笑い」というジャンルに対して、複雑な思いがあったからです。

「殿フェロ」が始まる4年前、僕は〝生涯の恩人〟から衝撃的な宣告を受けていました。

「お前たちはダウンタウン、ウッチャンナンチャンには敵わない。中山、負けを認めろ」と……。

ABブラザーズとお笑い第3世代の〝波〟

中山秀征と松野大介のコンビ「ABブラザーズ」を覚えている方は、40代以上でしょうか。「学園コント」や、都市伝説（興味のある方はネット検索してみてください）と共に語られることも多い「野球コント」など、名刺代わりのネタはありましたが、今の時代の〝お笑いコンビ〟とはスタートから大きく違いました。

1984年、憧れの渡辺プロダクション（現・ワタナベエンターテインメント）に入ったものの歌も芝居もイマイチだった僕は、16歳で早くも首筋が寒くなってきた頃、マネージャーの関口雅弘さんに呼ばれ、こう言われました。

「中山、テレビはこれからバラエティの時代になるぞ！」

当時から『8時だョ！全員集合』（TBS系）や『オレたちひょうきん族』（フジテレビ系）など人気バラエティは多くありましたが、関口さんによると「これからは、歌番組やドラマ以上に、バラエティがテレビの中心になる」のだと。「中山、お前がやりたい歌や芝居は、バラエティで天下を取ったら必ずできるから」と力説され、僕は事務所に新設されたお笑いプロジェクト「BIG THURSDAY（ビッグサースデー）」の1期生となりました。

そこには、まだ痩せていた石ちゃん（ホンジャマカ・石塚英彦）や、のちに日本を代表する脚本家となる三谷幸喜青年をはじめ、寺山修司への憧れを語るスキンヘッドの男、東北訛りの漫談師など、今でいう〝地下芸人〟のようなアングラな人たちも含め10名ほどが集められ、初めて経験する〝バラエティのレッスン〟で切磋琢磨していました。

レッスンは、大ヒット番組を手掛ける有名ディレクターや、キー局のアナウンサーを講師に迎え、ネタ作りの構成、コントの演じ方、フリートークなど、テレビ出演につながる実践的な内容でした。しかも講師陣はかなり豪華な布陣で、今だったら、相当高い授業料を払わないと受けられないレッスンだったかもしれません。

そんなレッスンと並行して、渋谷109にあったライブハウスで、若い観客向けの「お笑いライブ」を開催していました。ダンスから始まり、歌にトークに集団コントにと、エンターテインメントSHOWを若手なりに演じるライブです。

ここで僕は、ピン（個人）で活動していた3歳年上の松野さんと出会い、「ABブラザーズ」を結成するのです。

翌85年4月に『ライオンのいただきます』（フジテレビ系）のレギュラーとしてテレビデビューし、秋には『オールナイトニッポン（1部と2部の4時間）』（ニッポン放送）

のオーディションにも合格するなど、まさにロケットスタートを切り、自分で言うのもアレですが、アイドル的な人気を博しました（女子中高生からキャーキャー言われてたんです。いや、本当に）。

もっとも、ロケットスタートできた理由は、1985年デビューという絶妙なタイミングにもありました。

翌年には、東京・渋谷で「ラ・ママ新人コント大会」が始まり、大阪では心斎橋筋2丁目劇場が〝吉本の劇場〟としてスタート。東のウッチャンナンチャン、西のダウンタウンを筆頭とする、お笑い〝第3世代〟ブームへ、大きな起点となったのが、1986年です。

その前年に全国ネットのテレビ番組でデビューできた僕らは、厳密にいえば第3世代ではないものの、〝お笑いってカッコいい〟〝若い人が見るもの〟といった空気が醸成されつつある中、タイミング良く世に出られたため、いち早く時代の波をキャッチできたのです。

結成5年目で押された烙印

ところが、少し早く出過ぎたうえ、想像以上に忙しくなり、今度は「波」に飲み込まれます。1989年、僕らは、なぜか〝第3世代〟として、ランキング形式のネタ番組に出演することになりました。

しかし、テレビを主戦場とし、新ネタを作る機会もなくなっていた僕らは、毎回、過去ネタの焼き直しをするしかない。毎週、精度の高い新ネタを披露するウッチャンナンチャンやB21スペシャルらライブでネタを積み上げてきた〝リアル第3世代〟に徐々に水をあけられるようになり、結成5年目にして「ABブラザーズは古い」と烙印を押されてしまいました。

「忙しくてネタ作りができなかっただけ。しっかり新ネタを作れば勝てます！」

「第3世代っていうけど、みんな俺より年上だし、俺たちは古くなんかない！」

現実を受け止められず、勝負したいと息巻く僕に、関口さんはキッパリ言いました。

「中山、負けを認めろ！」と……。

コンビとしての関係性も志も、そして実力も、ダウンタウンやウッチャンナンチャンとは違う。そんなコンビが、〝お笑い〟で戦いを挑んでも「敵わない」という事実を、関口さんは、「バラエティの時代になる！」と教えてくれた5年前と同じように力説しました。

この時の思いを、僕は松野さんに伝えたことはありません。でも間違いなく、二人ともが、あの日、「ABブラザーズの終わり」を確信したと、僕は思っています。

この日から僕は「お笑いコンビとしては負けた。でも一人のタレントとしては同世代の誰にも負けない」と、密かに誓いを立て、コンビ活動からピンの仕事にシフトしていきました。

そして相方の松野さんも自分のお笑いを求め、ライブ活動などにますます力を入れるようになります。

ABブラザーズの最後の仕事は、1991年10月、『DAISUKI!』の収録でした。僕がMCになる1年前、ゲストに呼んでもらったこの番組への出演が、結果的にコンビの最後のテレビ出演になったのです。

場所は、たしか茨城のレース場。相方と松本さんや飯島さんと、豪雨の中みんなでカートレースをして……。びしょびしょに濡れたけれど、やたら楽しかった。そんな記憶が残っています。

「そろそろ」と覚悟はしていたけれど、「これがコンビで最後の仕事」なんてどちらも思っていなかったので、楽しいロケをしたまま別れて、結局、それっきりになってしまいました。

その1年後に、この番組で、MCのキャリアをスタートしたことも含めて、つくづく、『DAISUKI!』は、僕にとって運命的な番組です。

「お笑い」からのキャリアチェンジを決意した1989年。

元号が、昭和から平成に変わったこの年は、僕にとって〝テレビタレント元年〟でもあります。

その4年後、『殿様のフェロモン』のスタジオで〝お笑い芸人〟として挑んできた今田さんに対し、〝テレビタレント〟の姿勢を貫いた裏には、「お笑い」への、このようなちょっと複雑な思いもあったのです。

15年後の「打ち上げ」

『殿様のフェロモン』は、30年前ですらコンプラ的にアウトだった「ハケ水車」や、私物を破壊するドッキリなど、尖りすぎた企画で熱狂的なファンを生みましたが、のちに伝説として語られる番組もわずか半年で終了してしまいました。


それから、15年ほど経った頃です。

「実は、今田さんから『中山さんと飲みたい』と言われていまして……」

事務所の後輩、ザブングル（当時）の松尾陽介くんを通じて今田さんから〝意外な誘い〟を受けました。当時は〝不穏試合〟と言われるほど噛み合わなかった僕らも、その後、他の現場で会えば、普通に挨拶を交わすくらいの関係にはなっていました。

とはいえ、昔を懐かしむような間柄でもなかったので「今さら何だろう?」と意図を摑みかねていました。


場所は五反田の鍋料理店。久々に会った今田さんとの会話は少しぎこちない感じで始まりましたが、話が進むにつれ、今田さんは「あの時は迷惑をかけた……」と〝若気の至り〟を詫びてくれたのです。

これには少し面喰らいましたが、続く一言に、とても驚きました。

「あのスタジオで、テレビのことを分かっていたのはヒデちゃんだけやった……」

この言葉をどう受け止めて良いのか、戸惑う僕に、今田さんはなおも続けます。

「あの時、ヒデちゃんは、みんなに振って、誰かがスベっても拾って……。正直、俺は、『なんで拾わなアカンねん』と思ってた。でも、俺は今、テレビで〝それ〟をやっている……」

今田さんは、テレビ番組のMCとして〝全体を見る〟ことの重要性に気づいたのは、僕が「殿フェロ」で貫いた姿勢が少なからず影響している、と言うのです。

そんな今田さんの言葉は、嬉しくもあり照れくさくもあり、同時に、そのことを素直に口にできる真摯な姿勢に頭が下がる思いでした。

東京のテレビタレント・中山秀征が、『オールナイトフジ』のような楽しいノリを求め、ナイナイ、よゐこ、極楽とんぼら、後の「めちゃイケメンバー」が、必死に爪痕を残そうともがく中、今田さんは「ダウンタウンファミリー」という大看板を背負い、孤独な戦いに挑んでいたのです。

東京での初司会——。「東京のテレビに負けてたまるか!」。その覚悟を思うと、僕を〝中山クン〟と呼び、潰しにきた理由も、少しだけ理解できた気がしました。

実は、「殿フェロ」の中で、僕は今田さんのことを「今ちゃん」ではなく「耕《こう》ちゃん」と呼んでいました。今思えば「俺も頑なだなぁ……」と、自分の〝若さ〟に笑ってしまいます。

六本木の決起会からほとんど会話らしい会話もなかった〝中山クン〟と〝耕ちゃん〟は、15年越しの打ち上げで〝ヒデちゃん〟〝今ちゃん〟と呼び合い、朝まで酒を酌み交わしました。当時の答え合わせや、これからのテレビについて楽しく語り合いながら……。

わずか半年で終わった「殿フェロ」ですが、今もテレビのスタッフさんやタレントさんから、「あの頃、毎週観てたんです!」と、やたら高い熱量で言われることの多い不思議な番組です。当時の〝テレビ好き〟に強烈な印象を与えたのは、そこに〝戦い〟があったからではないかと、僕は思っています。

僕はそれを「お笑い教」と「テレビ教」の「宗教戦争」のようなものと思って戦っていました。でも、今となっては、「テレビバラエティ」という枠組みの中で、それぞれが、自分の信じる「教え」を貫こうとして起きた〝宗派争い〟だったのではないかと捉えています。当時はバチバチだったＵＷＦとプロレスも、総合格闘技の登場によって、その立ち位置を大きく変えています。

多様な価値を認め合う今の時代と違い、90年代のテレビバラエティは、「笑いはストイックであるべき！」「テレビはみんなで楽しく作るべき！」と、それぞれが自分の「べき」を貫き、主張が違う者同士は、批判こそしても、共演はしなかった。そんな時代に、異種のスタイル同士ぶつかり合えたのは、とても貴重な経験だったのかもしれません。

今ちゃんこと今田耕司さんは、生放送で真剣勝負を戦った〝テレビ界の戦友〟です。

【『殿様のフェロモン』で学んだ、明るく生きるヒント】

◉互いに受けて面白さを引き出し合い、「番組全体」を盛り上げる
◉負けは終わりではなく、キャリアチェンジの始まり
◉己の信念を貫く「戦い」から見えるものもある

新宿スタジオアルタ　テレビ修業時代を過ごした「生放送の聖地」

全国ネットで「お笑い修業」

電電公社がＮＴＴへ、専売公社がＪＴへと民営化された１９８５年４月のこと。僕らＡＢブラザーズは、フジテレビ系『ライオンのいただきます』（１９８４～１９８９年）でテレビデビューしました。

当時僕は17歳、相方の松野さんは21歳で、結成１年に満たない若手お笑いコンビが、あの『笑っていいとも！』のすぐ後、同じ新宿スタジオアルタで月曜から金曜まで毎日生放送される人気番組にレギュラー出演するとは、まさに大抜擢。初出演の翌日には、アルタ前に〝入り待ち〟のファンが押し寄せるなど、テレビの影響力の凄さに驚きましたが、悦に入る余裕などなく、とにかく毎日〝必死〟で……。

生放送の聖地と呼ばれた〝新宿スタジオアルタ〟は、僕にとってまさに「修業の場」でした。

番組での僕らの役割は、『笑っていいとも!』の「いいとも青年隊」のように、司会の小堺一機さんの進行のお手伝いをしたり、出演者の〝おばさま〟方にお茶を出したりするアシスタント業と、お悩み相談コーナー「いただきます劇場」への出演でした。

「いただきます劇場」では視聴者の相談をもとにしたコント仕立ての寸劇を演じるのですが、放送前日に台本を貰い、生放送の2時間前の11時頃から、晴れた日はアルタの屋上で、雨が降れば階段の踊り場で稽古し、全国ネットの生放送で一発勝負するというもので……。

その緊張感たるや、若手の僕らにとっては壮絶なプレッシャーでした。

事務所のライブでコントを演じたことはあっても、圧倒的に場数が足りなかった僕らは、「ここは笑い待ちをするのか」「ここは間髪入れない方がウケるのか」など、コメディアンが舞台で最初に学ぶ〝間〟や〝テンポ〟を、日々、肌で覚えていきました。

しばらく経つと、今度はオープニングにも出ることに。

小堺さんが、昨日あった出来事や、季節の話題を話すのですが、その軽妙な語りに聞き入っている暇はありません。突然、「ヒデちゃん、春と言えば?」と、〝振り〟が飛んでくる。最初は、ただアタフタすることも多かったのですが、そのうち、突然の振りにも「とにかく、早く返せば小堺さんが何とかしてくれる」「焦らず落ち着いて話せば、お客さんも安心して聞いてくれる」と、トークの〝間〟が分かってきました。

いつ振られてもいいように書き溜めていたエピソードを、本番で流れに関係なくブッ込んで変な空気を作る、なんて失敗もよくありましたが、そんな時は必ず、小堺さんがフォローして下さり……。失敗する怖さより、「明日はこれを言ってみよう」というチャレンジ精神の方が勝っていたのでしょう。小堺さんには本当にご迷惑をおかけしました。

ウケればOKではない理由

ウケてもウケなくても、週に5日150人の観客の前に立つ。すると、お客さんが重い（反応が鈍い）日、軽い（反応がやたら良い）日など、日によって客席の〝空気〟が違うことが分かり、どう演じ分ければよいのかも、徐々に摑めるようになりました。

ただし、アルタではもう一つ意識しなければいけない重要なことがあって、それは、この舞台が「生放送のテレビ」だということ。

舞台を映すカメラの向こうには、何百万人という視聴者がいるのに、目の前の150人だけを見て「今日は客が軽いから」と目先の笑いに走ったり、「今日は重いから」と、しつこく笑い所を作りに行ったりすれば、視聴者が番組の本筋を追えなくなり、テレビと舞台との間に距離が生まれてしまう。舞台上の小堺さんも、舞台裏から見る「いいとも」レギュラーの皆さんも、客席の空気を読みながら、それに翻弄されることなく、慌てず淡々と進行していたのです。

観客と視聴者の両方を同時に意識するというプロの技術を間近で見て、拙いながらも自分でも実践しながら徐々に技術を身につけていきました。

これを4年間、毎日続けた経験は、間違いなく僕の演者としての「骨子」になっています。

「ABブラザーズは芸人ではない」

お笑い第3世代ブームの当初、よくこう批判されました。修業時代に舞台で力をつけ、晴れてテレビでその実力を発揮するのが〝芸人さん〟だとすれば、師匠も不在、劇場での下積みもないまま人気番組でキャリアをスタートさせた僕らは、確かに〝芸人〟ではありませんでした。

とはいえ、僕らには、最高の先生と舞台がありました。

1985年の新宿スタジオアルタといえば、タモリさん、明石家さんまさん、小堺さんをはじめ、当時のお笑い日本代表メンバーが集まる現場です。そんな場所で、テレビスターたちの高い技術を体感しつつ、全国放送という舞台で、ゼロから〝お笑い修業〞と〝テレビ修業〞を同時にしながら、みっちり鍛えてもらえました。

ＡＢブラザーズは、お笑い芸人ではない。しかし、テレビが鍛え、育てた〝お笑いコンビ〞だったという自負は、今も持っています。

なぜアルタは「狭く感じる」のか

生放送の聖地と呼ばれたこの場所で、僕は他にも、本当に多くのことを学びました。

まずは、生放送〝ならでは〞のスタジオの作り方。

『笑っていいとも！』にゲスト出演したタレントがよく、「思っていたより狭いんですね」と言っていたのを覚えていませんか？　スタジオの広さは２４３・５平方メートルで、確かにそれほど広くないのですが、実はアルタは、あえて〝狭く感じるスタジオ作り〞をしていたのです。

急傾斜の観客席に、１５０人のお客さんがギュウギュウに座る。しかも、客席には背もたれがないので、みんなが〝前のめり〞の姿勢で舞台を見つめている。横の空間はセットや大きな布で隠され、それが一層密閉感を高めていました。

スタッフの方によると、観客、出演者、スタッフの全員をステージに集中させ、生放送の熱気を生み出すための工夫だったそうです。

後に、生放送の公開番組をやらせて頂いたとき、僕は「アルタのように」とスタッフの皆さんにお願いして、あえて狭く感じるスタジオ作りをしてもらったこともありました。

もう一つ、「いただきます」の司会の小堺一機さんが発明した〝後説SHOW〟にも影響を受けました。

小堺さんや僕らABブラザーズ、ヒロシ&チーボーらレギュラー出演者が、生放送が終わった後もお客さんの前でトークをして、さらに楽しんでもらう。これが、いわゆる後説なのですが、小堺さんは後説を「SHOW」にまでしていました。

トークをしていると、突然、僕らに「お前が犯人だ！」などと〝振り〟を入れてコントを始めるのです。

全員ドキドキしながら小堺さんの〝振り〟に応えていくうちに、追い詰められた犯人役の相方を、必殺仕事人の僕が仕留める、なんて〝謎展開〟になり……。月曜には完全にアドリブだったコントが、火曜、水曜と繰り返していくうちに、だんだん、振りとオチが付いた一本のコントに仕上がっていきました。

さらに凄いのは、前日の展開に応じて、翌日には『必殺仕事人』のあのテーマ曲が流れたり、照明や衣装まで準備されたりと、技術さんも含め全員が、「明日は今日よりもっと面白くしよう」と、アルタの客席と同じく〝前のめり〟で臨んでいたことです。

こんなふうに、みんなが番組を「自分ごと」と考えている現場では、新しい発想や工夫がどんどん生まれ、番組の質が格段に上がっていきます。

「後説ＳＨＯＷ」での小堺さんの突然の〝振り〟には演者として相当鍛えられましたし、放送以外の時間もお客さんに楽しんでもらうという考え方は、後に生放送のＭＣを務めた『ＴＶおじゃマンボウ』でも、大いに参考にさせてもらいました。

小堺、さんま、タモリ　レジェンドＭＣの「背中」

また、番組を預かるＭＣの皆さんの「背中」は、今も僕の目に焼き付いています。本番前、少しテンション高く共演者やスタッフをいじった後、オープニング曲と共に軽快にステージに飛び出す小堺さんの背中。

小堺さんの夏休み中に代打ＭＣを務めた明石家さんまさんは、本番ギリギリまで舞台袖でタバコを吸いながら、スタッフと談笑している。

「ＡＢブラザーズと申します。今日は宜しくお願いします！」と緊張しながら挨拶をして、「オープニングトーク、どうしたらよろしいですか？」と聞くと、さんまさんは「好きにこいや」とだけ言い残し、颯爽とステージへ走っていく……。その背中には思わず、「さんちゃんカッコいい！」と惚れてしまいました（笑）。

そして、特に忘れられないのは、アルタの〝城主〟タモリさんです。

「お昼や〜すみはウキウキウォッチング♪」と、いいとも青年隊の歌声が流れても、まだ、舞台袖で泰然と構えている。と思ったら、軽やかにセット裏の階段を駆け上がりステージ上段へ。

「チャラッチャチャッチャッチャッ♪」「ワー!!」。タイミングばっちりで登場し、照明に照らされたタモリさんの背中に、沸き上がる大歓声。まさに、「森田一義アワー」の開幕です、という感じがしました。


一流のＭＣの方々の生放送への入り方は、トップアスリートのルーティンのように毎回変わらず、とにかくカッコいい。

実は僕も、『シューイチ』のスタジオに入る時、13年も続けているルーティンがあります。

修業時代に見たアルタの先輩たちのように、本番直前まで構えずに過ごし、スタジオに入るのは、毎回、本番45秒前。そんな僕の背中を、中丸雄一君はたぶん「この人スタジオ入るの遅いな」と思って見ているはずです……（笑）。

【「新宿スタジオアルタ」で学んだ、明るく生きるヒント】

◉失敗を恐れず、トライ&エラーで「基礎力」を磨く
◉「プロの技術」を得る近道は「一流」を観察し真似ること
◉質を高めるため全員が仕事を「自分ごと化」できる工夫を
◉超一流のプロは、揺るぎない「型」を持っている

ウチくる!?　一か八かから19年　長寿を支えた信念と柔軟性

ダメなら身を引く、から「最長寿番組」に

「長寿番組」という言葉に明確な定義はありませんが、テレビ放送70年の歴史を考えると、10年続けば立派な長寿と言えるのではないでしょうか。

僕は『DAISUKI!』や『TVおじゃマンボウ』など長寿番組に恵まれたのですが、その中でも、19年間も愛してもらった、僕史上〝最長寿番組〟といえば、フジテレビ系で日曜お昼12時から放送されていた『ウチくる!?』（1999〜2018年）です。

この番組は、生まれ育った街や、思い出深い場所を案内してもらうことで、ゲストが〝素顔〟を見せてくれるロケバラエティ。メインゲスト、サプライズゲストを合わせ、実に4000人以上の方々に出演していただきました。最高視聴率は16・5％と、お昼の時間帯としては異例でした。

僕にとって『ウチくる!?』は、企画の立ち上げから本格的にかかわった初めての番

組として、特別な思い入れもあって……。

19年間貫いた番組コンセプトは、「故郷に錦を飾る」でしたが、実はこれ、僕が幼い頃から愛読していた雑誌『明星』や『平凡』をベースに考えたモノでした。

当時の芸能情報誌には、トシちゃんや聖子ちゃんなど、当代の人気アイドルが、生まれ故郷に帰って、思い出の駄菓子屋に行ったり、学生時代の友達と昔話に花を咲かせたりする、名物企画がありました。

有名人が地元で〝素の表情〟を見せる……。「あの企画をテレビでできたら、日曜昼にピッタリじゃないか」と思ったのです。


そもそも、フジテレビ・日曜12時といえば、僕が所属する渡辺プロダクションが番組制作にも携わる大切な時間帯でした。その時間帯のフジテレビは1976年の『クイズ・ドレミファドン!』から1990年の『上岡龍太郎にはダマされないぞ!』まで、長く人気番組が続いていました。

しかし、90年代後半に入り苦戦を強いられていました。

TBSは、現在も続く『アッコにおまかせ!』が、日テレは、KinKi Kids の番組が放送されていたまさに〝激戦区〟。

僕は、1997年に初めて、この枠のMCを任されたのですが……。『トロトロで行こう!』『OH!トロ2で行こう』『そう快!ヒデタミン』と、形を変えながら放送された3つの番組は、残念ながらどれもヒットしませんでした。もしこの3番組をすべて観ていたという方がいたら、かなりのマニアだと思います(笑)。

せっかく大切な時間帯のMCを任せてもらったのに結果が出ない。「このまま終わるのは悔しい。終わるならフルスイングしたい」と、僕は賭けに出ました。昔から一緒にやってきた制作会社に声をかけ、企画書を作り、プロデューサーに「自分たちの企画で勝負させてほしい」と相談したのです。

スタジオショーだった番組を、『DAISUKI!』のようなオールロケにし、さらに、「ゲストを主役にする」ために、愛読誌を参考に「故郷に錦を飾る」というコンセプトを考えました。

こうして『ウチくる!?』の企画が出来上がったわけですが、いくらMCであっても、タレントが制作会社を連れてきて、自分の企画をやりたい……なんて、タレントの裁量を超えていたかもしれません。なので「ダメならこの枠から身を引くので、3カ月だけ任せてください」と、覚悟を持って一か八かの大勝負に出ました。まさに背水の陣。

第1回のゲストは、僕が若い時からお世話になっていた研ナオコさん。生まれ故郷の静岡を案内してくれました。

研さんは、番組のコンセプトに大いに乗っかってくれて、実家からお忍びで行くお店まで、すべての場所にカメラを入れさせてくれました。実家では親族の皆さんが勢ぞろいでもてなしてくれたのですが、顔を見れば、皆さん、研さんそっくりで……。笑いをこらえられませんでした（すみません！）。

もちろんトークも大いに盛り上がり、番組のラストで感動のお手紙が読み上げられると、今度は一同涙して。

初回ロケを終えた直後に「この番組はイケそうだ」と大きな手ごたえを感じました。先輩の懐の深さと、親族の皆さんのキャラクターの濃さに感謝です。

そんなふうに、放送が始まる前から、「いい番組になりそう」という予感はあったものの、それだけでは『ウチくる!?』が19年も続くことは、おそらくなかったでしょう。「いい番組」を「おもしろい番組」にしてくれたのは、ゲストの皆さんの魅力はもちろんですが、間違いなく、ある共演者の「力」が大きかったと思います。

初代MCを務めてくれた、飯島愛さんです。

飯島愛という天才

『ウチくる⁉』は、ゲストが故郷を訪れるほっこりしたロケ部分と、トークで本音に迫る攻めた部分とが共存していました。この〝攻め〟を担ってくれたのが、初代MCの愛ちゃん、2008年に亡くなった飯島愛さんです。

愛ちゃんは、スキャンダルが報じられたゲストに、「まだ付き合ってんの？」と聞いてタジタジにさせたり、大御所の〝長い話〟に現場のみんなが飽き始めた時、突然鼻歌を歌ったりしたことも。

みんなが何となく感じている、言いづらい、聞きづらいことを、いち早く察知して言葉や行動で表現する。しかも、それが嫌味にならないどころか、言われた方も笑ってしまう。これは〝毒舌〟や〝辛口〟と言われるタレントに共通する才能ですが、愛ちゃんは、それが天下一品でした。

愛ちゃんと初めて会ったのは1993年、テレビ東京の伝説の深夜番組『ギルガメッシュNIGHT』にゲスト出演した時でした。

愛ちゃんは、当時「Tバックの女王」と呼ばれ、イケイケ女子の象徴的存在でしたが、朝、収録スタジオの廊下で初めて見た彼女は、小柄で童顔で、とても素朴な女の子。「え？　この子が、あの飯島愛？」と驚いたものの、メイクをして、ヒールを履いてスタジオに入ると、セクシーで攻撃的な飯島愛に完璧に〝変身〟している。そのギャップとプロ意識に、さらに驚かされました。

その後、他の番組で何度か共演し、すごく相性が良いと感じていたので、『ウチくる⁉』立ち上げの時、「ぜひ一緒に」とオファーさせてもらいました。愛ちゃんも意気に感じてくれ、明るく、全力で番組を盛り上げてくれました。

一方、普段の彼女は、凄く落ち込みやすい人でもあり……。

あれは、番組初期、新潟ロケから帰るバスの中でした。

「勉強もしていない私が、司会でいいのかな？」「全然喋れてないし……」「私って役に立ってるのかな？」と、愛ちゃんから、不安の言葉が溢れ出てきました。僕は、偉そうになるのが嫌で他人にアドバイスをするのが苦手なのですが、この時ばかりは、言葉を尽くしました。

「愛ちゃんの〝一言の破壊力〟には誰も勝てない」「俺は飯島愛にはなれない。この番組は、愛ちゃんじゃなきゃダメなんです」「進行は俺がやるから、愛ちゃんは上手くやろうとか、流れとか考えなくていいからね」

東京に着くまで、ずっと話し続けたのを覚えています。

改めて彼女の繊細さを知るとともに、他人の本質を鋭く見抜く彼女でさえ、〝自分の武器の強さ〟はなかなか自覚できるものではないのかと、タレント業の難しさも感じました。

2007年3月で、愛ちゃんは芸能界を引退し、『ウチくる!?』も卒業しました。

その少し前のことです。

突然、愛ちゃんから言われました。

「ヒデちゃん、これからはYouTubeだよ。絶対にやった方がいいよ」

「ゆーちゅーぶ?」

「ヒデちゃんがチャンネルになって、好きな番組をいつでも作れるの」

「テレビ局を買うの?」

「違う。誰でも番組を作れて、それが、携帯で見られるようになるの。だから、絶対にやりなよ。いつもスタッフさんとやってることをそのまま流すんだよ」

「愛ちゃん、何かボッタくろうとするつもり?(笑)」

まだ、携帯電話が二つ折りの時代。当時はチンプンカンプンでしたが、今、改めて、愛ちゃんの先見性に驚かされます。素直に聞いていれば、僕は芸能人YouTuberの先駆けになっていましたね(笑)。

愛ちゃんは、芸能界を退いた後も、おしゃれなアダルトグッズを開発して、それをコンビニに置きたいと、常に新しい事業のプランを語り、その商品も完成して、プレスイベントも予定されていました。

そんな2008年末、突然の訃報を耳にした時は、信じられない気持ちで……。

愛ちゃんは、それまでも、1週間くらい連絡が取れなくなった後、突然、「ニューヨークの友達の家に行ってた」なんていうことがよくあったので、あの時も「フラッと帰ってくるだろう」とみんなが思っていたはず。

僕の中には、今もまだ、「帰ってくるんじゃないかな」という思いがどこかにあるんです。

お別れの会の時も言いましたが、「愛ちゃん、あなたは日本のモンローです」。

「意外性」を恐れない

長寿番組ほど、変化を続けているもので、19年続いた『ウチくる!?』に、大きな変化が訪れたのは2007年でした。愛ちゃんの芸能界引退に伴い、2代目MCに元NHKのアナウンサー、久保純子さんが就任した時です。当時「意外な人選」と話題になりましたが、実は裏話があって……。

僕も参加した後任選びの会議では、当初、番組をいい意味で壊してくれる〝ポスト飯島愛〟を探そうと、グラビアアイドルなどの名前が挙がっていました。ただ、どうにもしっくりこない。全員が頭を悩ませる中、僕は思い切ってこう言いました。

「愛ちゃんと正反対のキャラクターはどう？」

なぜなら、ポスト飯島愛を求めると、この先、全員が苦しむと思ったから。「愛ちゃんなら、もっとこうしていたはず……」と、きっと抜けた穴をみんなが意識することになる。それは新しく入ったタレントさんにも失礼です。

ならば、タイプの違う人と組んで、今度は〝中山の立ち位置〟を変えればいい。自分を変えることは、『ＴＶおじゃマンボウ』で麻木久仁子さんと組んだ時に身につけた僕のスタイルで、その点は、自信がありました。

快諾してくれた久保さんには、事前に「あくまで久保さんらしく」と伝えていたものの、不安だったはず。

でも、いざ始まれば、進行は完璧！　何より驚いたのは、抜群の記憶力でした。

例えば競泳の金メダリスト・北島康介さんがゲストの回。僕が話の流れで、北島さんに「アテネ五輪（１００メートル平泳ぎ）の優勝タイム、何秒でしたっけ？」と聞くと、北島さんは「え〜っと……」と、すぐに思い出せない。

そんな時、「１分０秒08ですよね」と、実にサラッとフォローしてくれたんです。

この時だけでなく毎回、久保さんは台本や資料にはないデータを、全て頭に入れてきていました。しかも必要な時にだけ、さりげなく出す。「覚えてきてるなら言ってください！　もったいないよ」と僕が言うと、「別に普通のことなので……」と。『紅白歌合戦』の司会で、辞書のように厚い台本を丸暗記していた久保さんにとっては、朝飯前だったのかもしれませんが、あまりの凄さに僕も北島さんも、ただただ驚くばかり。

そんな久保さんだからこそ、ロケでお酒を飲んで酔っぱらってしまったり、衣装のままプールに落ちる、民放バラエティの〝洗礼〟を受けたりすると、〝振れ幅〟があって面白い！　彼女の完璧さと意外性に支えられ、僕もかなりラフにやらせてもらい、愛ちゃん時代とは違った、ＭＣコンビの〝型〟が出来上がりました。

その久保さんが卒業した２０１１年、今度は「久保さんとは違うキャラを」と、３代目に選ばれたのが、事務所の後輩〝しょこたん〟こと中川翔子さんでした。

当時「アニメオタクの変わった子」というイメージだった彼女を、僕は、松本明子さん以来、久々に会社に現れた〝バラエティの逸材〟と注目していました。

一方、長年『ウチくる⁉』のファンだったしょこたんは、「本当に私でいいんでしょうか……？」と最初はかなり恐縮していましたが、すぐにプロ顔負けの画力で、ゲストの似顔絵を描く名物コーナーを生んだり、実はかなりの大食いで、激辛料理にも強いという意外な一面を見せたり、MCを務めた期間で、テレビタレントとしてどんどん成長していきました。

その頃、40歳を過ぎていた僕は、大量に食べるしょこたんに、「やめておきなさい……」なんて、娘を心配する父親の気分(笑)。

成熟期を迎えていた番組に新しい風を吹かせ、その後7年も続けられたのは、間違いなく、しょこたんの頑張りと成長のおかげです。

女性MC交代のような〝大きな変化〟だけでなく、『ウチくる⁉』では、ミニコーナーなど細かい部分を、早いスパンで次々と変えていきました。「故郷に錦を飾る」というコンセプトは守った上で、二番煎じではない、新たなチャレンジをしていったのです。

40年以上、色々な番組の現場を見てきましたが、この「軸を変えない信念と、軸以外を変える柔軟性」は、『ウチくる⁉』に限らず、長寿と言われる人気番組に共通する姿勢だと考えています。

【『ウチくる!?』で学んだ、明るく生きるヒント】

◉立場を超える提案には、覚悟を決めて臨む
◉共演者の「本質的な魅力」に目を向ける
◉「意外性」への挑戦を怖がらない
◉番組の軸は変えず、軸以外は柔軟に変える

第２章

憧れの人たちに学んだ明るく生きる〝技術〟と〝マインド〟

師匠・志村けんさんから学んだ「バカでいろよ」

出会いは、まさかの「逆オファー」

僕が「師匠」と呼び、最も尊敬するコメディアンが、2020年に亡くなった志村けんさんです。

高木ブーさんが追悼番組の中で「志村は死なない」と言った通り、師匠は今も、コントの中に生き、所属事務所の公式 YouTube や映像配信サービスなどを通じて、世界の人々に「笑い」を届けてくれています。

僕は師匠が50歳から70歳までの間、毎年、誕生日パーティーの幹事をやらせてもらっていたこともあり、数え切れないほど酒席をご一緒しました。お酒を愛する志村師匠からは、数々の「金言」を頂いて……。

出会いのキッカケも「お酒」でした。

1997年、『DAISUKI!』の日本酒を飲みながら居酒屋トークをする名物企画に、なんと、志村さんから「あれ何かいいよな。俺、出たいんだけど」と〝逆オファー〟があったのです。

当時、志村さんがバラエティ番組にゲスト出演することはほとんどなく、当日は、僕と松本さんとナオちゃんはもちろん、スタッフ全員が〝ド緊張〟状態でした。

大先輩をお出迎えするため、僕が入り時間の30分前に現場に行くと……志村さんは1時間前に現場入りしていて、既に「変なおじさん」のメイクが仕上がっている状態でした。

僕は「しまった！　大先輩を待たせてしまった」と〝バカ殿〟の如く顔面蒼白。思わず、「志村さん、どうしてそんなに早いんですか？」と尋ねると、師匠は「遅刻すると『すみません』から1日が始まるだろ。それが嫌なんだよね」と、あの照れた笑顔で一言。大御所の「金言」に触れた僕は、思わず「すみません」と謝ってしまいました……。

この日が志村師匠との出会いとなりました。

ロケはお酒を飲みながら和やかに進み、そこから、プライベートでも飲みに行かせてもらうように。

師匠が行くのは、麻布十番の大衆居酒屋や、六本木の目立たない場所にあるおでん屋など、飾らないお店ばかりで、メンバーも決まって少人数でした。師匠と竜ちゃん（ダチョウ倶楽部の上島竜兵）と3人で、何度杯を交わしたことか……。

酒席では、ドリフ時代の思い出話や、コメディアンとしての哲学など、本当に貴重なお話を聞かせてもらいました。

それだけではなく「この間、ウンコ漏らしちゃってさぁ」なんて、しょーもないエピソードから始まる下ネタを聞きながらゲラゲラ笑い合ったりも……。3人で過ごす夜は、いつも、あっという間に時間が過ぎていきました。ただ、師匠が50代からライフワークにしていた舞台「志村魂《こん》」の前になると、酒席での様子も少し違っていて……。

あれは「志村魂」が始まった最初の年でした。稽古を終えた師匠と竜ちゃんに僕も合流して、六本木のクラブで飲んだ帰り、「最後に、軽くおでんでもつまんで帰ろうか」と、いつものおでん屋へ。時刻は午前3時になろうとしていました。

店に入っても師匠はどこか落ち着かない様子で、突然、竜ちゃんに「お前、それはどうなんだよ⁉」と大声で突っかかりました。焦る僕を差し置いて、竜ちゃんも「いやいや、そうは言いましてもね！」と、結構マジなトーンで言い返す。「言い訳すんでねぇよ！　お前ェ《め》は！」と師匠も応戦し、延々とラリーが続きます。そう、突然舞台の稽古が始まったわけです。

長い長い2人のやり取りが終わって時計を見ると「ご、5時⁉」。あの志村けんの舞台を特等席で観られる贅沢な時間ではありましたが、さすがに朝5時までは厳しかった（笑）。

当時すでに、日本で最も多くコントを演じたコメディアンと言っても過言ではなかった志村師匠でも、やはり生の舞台のプレッシャーは相当のものだったのでしょう。「志村魂」の時期が迫ってくると「どきどきするよ。ヒデ、俺だって緊張するんだよ」と言っていたのを思い出します。

「バカでいろよ」

師匠の言葉には他にも忘れられないものがたくさんあります。

志村さんは、お酒の席で、いつも「バカでいろ」と言っていました。

最初は謙虚だったタレントも、人気者になり、技術も知識も身についてくると、次第に「自分を偉く見せよう」「利口に見せよう」と、振る舞いが変わっていきます。周りに持ち上げられる環境が続くと、尊大になりがちで……。師匠は、〝偉く〟なって〝堕ちて〟いく同業者をたくさん見てきたのでしょう。

「俺たちなんて、もともと何もなかったわけだから、利口ぶるなよ」。「『バカだなぁ』

ってのは、俺たちにとって最高の誉め言葉なんだよ」と、「バカでいる」大切さを繰り返し説いてくれました。

その言葉の深さを、現場で初めて体感したのは、ゲスト出演した『志村けんのバカ殿様』のスタジオでした。

志村さんはコントの収録が始まる前に、セットの建付けから、小道具の一つ一つに至るまでくまなくチェックし、その後、カメラマンに細かくカット割りの指示をしていました。

「いいか、俺たち（出演者）が上から覗くような画《え》にするなよ」

「テレビを観ている人たちが、俺たちを〝上〟から見ているように、そう、この画角で撮ってくれ」

カメラアングル一つにさえ決して気を抜かない。しかも、「観客を見下ろしてしまう可能性」を意識しているのか、と驚きました。白塗りのバカ殿メイクでありながら、その姿は、巨匠の映画監督のように見えました。

志村流、利口ぶらないMC術

今では有名な話ですが、志村師匠はとても勉強家で、流行りの映画や音楽をほとんどチェックし、自分のコントにどんどん取り入れていました。

そして、あまり知られていなかったのですが、実は、政治や経済にもとても詳しかったんです。でも、その知識を決してひけらかしたりはしません。

その時、世の中で何が起きているのかを捉えたうえで、自分が作るものは、世の中にとって丁度良い〝下〟のスタンスを目指す。師匠は、時代に合った「バカ」でいるために、あらゆる情報を貪欲に吸収していたように感じました。


そんな志村師匠の姿勢を、僕は、情報番組のMCをしている時に意識します。

たとえば、経済の話題で、専門家に「物価対策」の質問をする場面。質問の仕方は、MCによっていくつかのパターンに分かれます。

よくあるのが、「物価高騰が続く中、賃金が上がらない現状があります。ここは、減税も含めた強い対策が求められますが、○○さん、いかがでしょうか?」。

MCが、ある程度、背景や筋道を説明してから質問する方法です。

このテクニックを使うと、MC自身がカッコよく見える。MCは台本や打ち合わせで、専門家の話の方向性も、ある程度分かっているから、そこを少し〝先回り〟して聞けばいいだけで、そんなに難しいことではありません。

僕もたまに、このテクニックを使いたいな、と誘惑にかられます。でも、その度、志村師匠の「バカでいろよ」「利口ぶるな」の声が聞こえてきて……。
僕の聞き方はこうです。

「最近、『物価対策、なってないんじゃないか！』という声をよく聞きます。○○さん、これって、どういうことでしょうか？」

物価上昇の背景や、今考えられている対策なども含めて専門家に解説してもらえるよう、なるべく、オープンな聞き方をします。

「情報を全く知らない」はMC失格ですが、「私は知っています。知っている上で、皆さんのために聞いているんですよ」と〝上から目線〟のアピールは絶対にしたくない。「利口ぶらない」ことを常に心掛けています。

正解かどうかはわからないけれど、これが、僕なりに貫いている〝志村流〟です。

志村さんが僕の誕生日会を開いてくださった時に撮った、ポラロイド写真がありま す。

この時、師匠が写真に書き添えてくれた言葉も「バカでいろよ」でした。今も、テレビタレントとしての「座右の銘」にしています。

とはいえ、こんな話をしていると、「バカでいろよ」の〝種明かし〟をしているみたいで……これって、「利口ぶってる」のでは……？

酒の席で志村師匠に聞きたいです。「師匠、俺はバカでいられていますか？」と。

【志村けんさんから学んだ、明るく生きるヒント】

◉「すみません」から1日を始めない
◉経験と知識を重ねるほど「バカでいる」努力を
◉「利口ぶっていないか？」自らを省みる

萩本欽一さんから学んだ「やり切るチカラ」

松田聖子さんの『赤いスイートピー』といえば、最近の昭和歌謡ブームで、若い世代にも人気の名曲です。リアルタイムで聴いた世代は「イントロが流れると甘酸っぱい青春がよみがえる」という方も多いでしょう。

でも僕はこの曲のイントロを聴いただけで、全身から汗が噴き出すほどの緊張に襲われてしまうのです。生まれて初めて〝生〟で対面したコメディアンの影響で……。

視聴率100%男から「ムチャ振り」の洗礼

渡辺プロダクションにレッスン生として合格したばかりの1984年2月。16歳だった僕は、番組のオーディションを受けることになりました。番組名は『欽ちゃんの週刊欽曜日』（TBS系、1982～1985年）です。

当時〝視聴率100%男〟と呼ばれ、一世を風靡していた萩本欽一さんがメインを務める公開バラエティで、佐藤B作さん、清水由貴子さんら、番組から生まれた「欽ちゃんバンド」のメンバーが人気を博していました。

その中でも最大の〝ブレイク〟を果たしたのが、風見しんご（当時「慎吾」）さん。歌手としてもヒットを飛ばす風見さんは、歌って踊れて面白い、僕の理想とする芸能人でした。その風見さんが多忙でやむなく番組を卒業するということで、急遽、新メンバーのオーディションが開催されることになったのです。

会場は赤坂にあるＴＢＳのリハーサルスタジオ。ドキドキしながら足を踏み入れると、目の前には、なんと〝欽ちゃん〟ご本人が！

緊張感漂う中、オーディションは始まったものの、台本があるわけでもなく、いきなり萩本さんから「はい！　そこからここまで歩いてみて」と指示されました。

言われるままに歩き出すと、「そこのバケツに熱湯が入っているから手を入れて！」と追加の注文が。僕は「はい！　アチチ、アチチ！」と、なんとかパントマイムでリアクションを返します。

ところが、だんだんと興が乗ってきたところで、突然「おいキミ、そこに熱湯なんかないよ」とはしごを外されてしまい……。「え、欽ちゃんが熱湯って言ったのに？」と思わず呟き、ワケが分からないまま啞然としました。

今なら「リアクションそのものではなく、どこか別の部分を見ているのかも」とか、いろいろ考えて、冷静に対応できるかもしれませんが、その時は頭の中に「？」を浮かべたまま何もできなくて……。でも「聞いちゃダメ」ですよね（笑）。

1次オーディションがどうなったのか、よくわからないまま、今度は萩本さんから突然、トランペットを渡され、「これで『赤いスイートピー』を吹いてみて」と言われました。またもや固まってしまう中山少年。だって、吹けるどころか、本物のトランペットを見たのも初めてです。しかも目の前で笑みを浮かべる萩本さんは、テレビと同じように目尻は下がっていたけど、目の奥が全然笑っていません……。

「どうしよう、吹けなかったら、ここで、俺の芸能人生は終わる」

トランペットを手に、気が遠くなりました。

そこから、どれくらいの時間が経ったでしょう。とにかく無我夢中でした。覚えているのは、先生の指導で必死に練習したこと。ウンともスンとも言わなかったトランペットから「プ！」と音が出て、その後、ヘタながらも、奇跡的にメロディーを奏でられるようになったこと。欽ちゃんバンドとセッションのようなことをしたこと。そして、憧れの大スターとの思い出を形に残そうと、萩本さんに手帳を渡し、サインをもらったこと……。そんなシーンを断片的に記憶しています。

幻の欽ちゃんファミリー

数日後、電話で告げられたオーディションの結果は、風見さんの出演継続。つまりオーディション自体がなかったことに。「いやー、大将（萩本さん）も君を気に入ってくれたんだけどねぇ」。受話器の向こうで恐縮するスタッフの声を聞きながら、僕の頭の中には、萩本さんの往年のギャグ「バンザーイ、なしよ！」の声がリフレインして……。

あまりに衝撃的な経験で、今もたまに「もしかして、あのオーディションは夢だったのか」と思うことがあります。

ただ、当時の手帳を開けば、欽ちゃんのサインがあり、その横に、ご本人の字で「欽ちゃんバンドに？」とも書かれている。この「？」の字を見るたび、あったかもしれない〝欽ちゃんファミリー中山秀征〟の芸能人生を妄想してしまいます。もしかしたら風見さんみたいになれたかな？　でも、見栄晴に先輩ヅラされたのかな？デビューした後も『新春かくし芸大会』（フジテレビ系）では、毎年、タイトなスケジュールの中、必死に練習を重ねて本番に臨んでいましたが、どんなにプレッシャーがかかっても、「1日で『赤いスイートピー』を吹け」というムチャ振りに比べればマシだろうと、気持ちが落ち着きました。

今のテレビバラエティの基礎を作った萩本さん。観覧のお客さんの後ろにカメラを置き、スタジオの〝臨場感〟をお茶の間に伝えたのも萩本さんの発明だとか。

「現場の活気を伝える」という、僕が大切にしてきたテレビとの向き合い方は、もしかしたら知らぬ間に、欽ちゃんのＤＮＡを受け継いでいたのかもしれません。なぜなら僕も、大将の教えを受けた〝幻の欽ちゃんファミリー〟ですから。

欽ちゃんの粋な褒め方

少し前、『シューイチ』の取材で『人は話し方が9割』の著者・永松茂久さんにお話を伺った際、やみくもに他人を褒めるより「呟くように褒める方が伝わる」と聞いて、30年来の友達・見栄晴のことを思い出しました。

彼は長い芸能生活で〝育ての親〟萩本欽一さんから、2度しか褒められたことがないそうです。

最初は『欽ちゃんのどこまでやるの！』（テレビ朝日系）の最終回の収録後。ボソッと「お前、うまくなったな」と言われ、もう、天に昇るほど嬉しかったとか。

オーディションで「1日でトランペットを吹く」という難題をクリアするも、オーディション自体が白紙になってしまった〝幻の欽ちゃんファミリー〟である僕も、実は、萩本さんから、生涯忘れられない褒め言葉を貰っていて……。

あれは、萩本さんが『DAISUKI！』のゲストに来てくれた時のこと。当時の僕は、20代後半でした。レギュラーも増え、皆さんに知ってもらえるようになった一方、「テレビで遊んでいるだけ」など、厳しい声を受ける機会も増えていました。

おそらく萩本さんも、「この青年は、なぜよくテレビに出ているのか？」と不思議だったのかもしれません。ロケバスで突然、「俺、中山クンの何が凄いのか、よーく考えてみたら、やっと分かったよ」と言われたんです。「な、何が凄いんでしょう？」と僕が恐る恐る聞くと、萩本さんから意外な言葉が飛び出します。

「俺はスタジオでコントをするから、なるべくセットは目立たないモノにするの。目立つと、観ている人が後ろに気を取られちゃうからね。でも、中山クンは背景に負けない。どんな場所でロケをしても、視聴者は君を見ちゃうんだ。たとえ富士山の前にいても、みんな君を見るよ」と……。

いや、いくら僕でも、この言葉を聞いて、「俺は富士山より凄い」と思うほど、おめでたくはない（笑）。嬉しかったのは、萩本さんが僕の「密かなこだわり」を褒めてくれたから、でした。

画面全体の「映え」にこだわった

というのも、僕はロケでカメラの前に立つ時、なるべく、見晴らしがよい場所、いわゆる〝抜けの良い画《え》〟をバックにしてもらうよう、ディレクターやカメラマンにお願いしていました。その方が、画面全体が映えて、視聴者の関心を惹けると思っていたから。1枚の風景画の中に自分がいるイメージです。まぁ、せめて背景だけは……という、自信の無さもあったのですが（笑）。

〝前に出てナンボ〟のタレントの世界では〝自分がどう映るか〟にこだわる人は多くても、〝背景〟にまでこだわる人は、なかなかいなかった。フレーム込みで自分を見せて画面全体を明るく、華やかに見せる方法は、僕が密かに編み出したテクニックだったのです。総合演出として番組全体を見ることの多い萩本さんは、このテクニックを一発で見抜いた。

ただ、そこで「君は背景にこだわってるね」と言ってしまうと、少しいやらしい……。だから「富士山よりも君を見る」という独特の言い回しをして、ちょっとクスッとさせつつ、僕のこだわりを、しっかり褒めてくださったんだと思っています。

以来、『DAISUKI!』でも『ウチくる⁉』でも、今、BS11で放送している『中山秀征の楽しく1万歩！街道びより』でも、ロケ番組に出演する時は、いつも萩本さんの言葉を胸に、自信を持って〝抜けの良い景色〟を背負っています。

江戸っ子の萩本さんならではの粋な褒め言葉、まさに金言、ならぬ「欽言」。あの時、トランペットを吹いたのは無駄じゃなかった……！（笑）

2度しか褒められたことのない見栄晴が、それをずっと忘れずにいるように、素敵な「褒め言葉」は言われた側の心にいつまでも残り、自信の糧にもなります。僕も、そんな「欽言」を後輩に贈れる人でありたいといつも思っています。

ちなみに、見栄晴が萩本さんから貰ったもう一つの褒め言葉は……。

「お前の凄いところは、友達を作れるところ。俺はできないんだよ。だから見栄晴は芸がなくても芸能界で生きていけるよ」

やっぱり、大将の褒め方は粋です。本当にその通り生きている見栄晴も凄いけど（笑）。

【萩本欽一さんから学んだ、明るく生きるヒント】

◉天才からの「ムチャ振り」は意図を考える前に全力でノッてみる

◉「こだわり」を褒める時は、直接ではなく「粋」に

文枝さん、紳助さん、たかじんさん
に鍛えられた、役割を全うする力

桂文枝師匠が呟く「ちゃうな」の意味は？

90年代初頭、お笑いコンビから、テレビタレントに活動の軸を移し始めたころ、笑いの本場・関西の先輩方から「テレビのイロハ」を教えていただく機会が多くありました。

たとえば、関西落語界の重鎮、桂文枝師匠からは、タレントがクイズ番組に出る時に大切な〝ある力〟を鍛えてもらいました。

出会いは、僕が初めてパネラー（解答者）としてレギュラー出演したフジテレビ系『クイズ！年の差なんて』（1988〜1994年）。この番組は、アダルトチームとヤングチームに分かれた出演者が互いの世代の流行や常識にまつわるクイズで競い〝世代間ギャップ〟を楽しむもので、最高視聴率28％を獲得した人気番組でした。

この番組で、山田邦子さんと共に司会を務めていたのが桂三枝さん（現・六代桂文枝

新刊案内

2024

5月に出る本

新潮社
https://www.shinchosha.co.jp

切なすぎるどんでん返し!!

神の悪手

芦沢 央

俺はなぜ、もっと早く引き返さなかったのか——。棋士を目指し奨励会で足掻く男が直面する究極の選択は。凄みに満ちたミステリ五編。

101433-3 ●649円

このラスト、予測不可能!

フェルメールの憂鬱

望月諒子

フェルメールの絵をめぐり、天才詐欺師らによる空前絶後の騙し合いが始まった! 華麗なる罠を仕掛けて最後に絵を手にしたのは!?

103344-0 ●935円

作家・梨木香歩は何を考えながら生きてきたか

ここに物語が

梨木香歩

人は物語に付き添われ、支えられて、一生をまっとうする。長年に亘り綴られた書評や、本にまつわるエッセイを収録した贅沢な一冊。

125347-3 ●781円

最後に「ありがとう」と言えたなら

大森あきこ

故人を棺へと移す納棺式は辛く悲しいが、生と死の狭間の限られたこの時間に家族は絆を結び直していく。納棺師が涙した家族の物語。

105281-6 ●572円

すべては奴の筋書きどおり――底なしの役者沼へ共に堕ちゆく覚悟はできているか。狂気と喝采に満ちた江戸芝居エンターテインメント。

恋と誤解された夕焼け

《どこからなら、きみを連れ去る神様の手のひらがやってきても平気か、教えて》今ここにいる私達の魂の秘密を解き明かす43篇の詩。

最果タ
353813-4
5月30日発売
●1430円

…い受難の記録。
●924円

新潮選書

覇権なき時代の世界地図

「米国一強」「G7主導」の崩壊と権威主義の台頭に対し、日本はどうすべきか。国連・JICAで世界を見た国際政治学者の地政学的思考！

北岡伸一
603910-2
5月22日発売
●1925円

本居宣長
「もののあはれ」と「日本」の発見

和歌と古典を通して日本の精神的古層を掘り起こした「知の巨人」。波乱の半生と後世の研究をひもとき、「もののあはれ」論を一新する。

先崎彰容
603911-9
5月22日発売
●2090円

「反・東大」の思想史

「東大こそは諸悪の根源！」――慶應・早稲田・一橋・京大・同志社から左翼・右翼まで、学歴社会の不条理に抗した人々が掲げた大義名分とは。

尾原宏之
603909-6
5月22日発売
●1980円

2004年のプロ野球
球界再編20年目の真実

近鉄・オリックス合併、史上初のスト、楽天とソフトバンクの参入――初証言と極秘文書で定説を一新する「史上最大の危機」の真相。

山室寛之
352732-9
5月16日発売
●1980円

いばらない生き方
テレビタレントの仕事術

中山秀征
355641-1
5月22日発売

さん）です。

ヤングチームの僕は、昔の映画や歌謡曲など、「そんな古いこと、よく知ってるなぁ」と感心される一方、簡単な〝常識問題〟を間違えてしまうキャラクター（笑）。たとえば、アダルト問題の「昭和30〜40年代の子どもたちの好きなものは、『巨人』『大鵬』あと一つは？」。

正解は「卵焼き」ですが、僕は、うっかり「目玉焼き」みたいな〝ニアミス〟をしがちで……。そんな僕に、三枝さんはクイズ番組の〝コツ〟を教えてくれました。

三枝さんは、僕が「目玉焼き」と解答を書き込んでいると、コッソリ近づいてきて、「ちゃうな」と呟きます。この「ちゃうな」は、「不正解」というだけではなく、「その不正解では、番組が盛り上がらないよ」というサインです。サインを受けた僕に求められるのは、不正解は不正解でも「目玉焼き」より盛り上がる誤答を出すこと。シンキングタイムのマンボ調のBGMが流れる間、必死に脳をフル回転させます。

「たぶん食べ物であることは間違いない。『目玉焼き』がダメだとしたら、そこからなるべく遠い子どもが好きなもの……？　巨人も大鵬も漢字表記だから……？」

何とか解答を書き直すと、三枝さんが「解答オープン！」と叫んで各パネラーの答えを読み上げます。「卵焼き、卵焼き、卵焼き、チーズハンバーグ……？　ヒデ、何でやねん！」。三枝さんのツッコミで盛り上がるスタジオ。ホッとする中山……。

もしこれが、「目玉焼き」だったら「惜しい！」とはなっても「何でやねん！」にはなりません。微妙な間違いは、僕の場合、「大間違い」にしなければ、番組が盛り上がらないのです。

テレビタレントの基礎「もう一つの正解」を出すチカラ

ややセンシティブな話題なので、もう少し詳しく説明させてもらうと、クイズ番組には大きく二つのパターンがあります。

一つは、純粋に知識を競うクイズ番組。これは、正解することが最大の目的です。一方、「年の差なんて」のように〝対決〟を楽しむ番組は「クイズショー」とも言えます。こちらは、クイズの正解以外に、「ショーを盛り上げる」という〝もう一つの正解〟があります。

正解率の高い人、全然正解できない人、特定のジャンルに強い人、他人の解答に厳しい人……。一つの番組の中に、いろんなキャラクターの解答者がいることで、初めて「ショー」として盛り上がります。

そんな中にあって、僕のキャラクターは、とても古いことを知っているのに、簡単な常識問題を〝大きく〟間違えてしまう若者。だから「どう間違えるか？」には、クイズ以上に頭を使いました。

まず、正解が分かっているのにわざと間違えにいくのは絶対NG！　簡単にバレてシラケます。とはいえ、大喜利的な「ボケ解答」は、ボケ役の人以外がやってもウケないうえに、〝正解を目指す〟が大前提の「クイズ番組のシステム」そのものを壊してしまう危険もある……（もっとも、今では「みんなでボケる」が前提の「クイズ風大喜利番組」も増えていますが）。

クイズショーに出演するタレントに求められるのは、番組のルールに則ったうえで、自分の役割を最大限発揮することのできる瞬発力で、僕はこの能力を、勝手に「パネラー力」と呼んでいます。

三枝さんの「ちゃうな」に冷や汗をかきながら、この「パネラー力」を鍛えてもらったおかげで、僕は「年の差なんて」以降、クイズの解答者としてテレビに出させてもらう機会がグンと増え、個性的なクイズ番組を多く生み出した関西のテレビ局にも何度も呼んでいただくようになりました。

芸能界一の「クイズ王」島田紳助

その一つ、毎日放送の『クイズ!!ひらめきパスワード』（1985〜1992年）で初めて共演したのが島田紳助さんです。紳助さんは、天才的という言葉でも足りないくらい、圧倒的なパネラー力を誇っていました。

高い正解率を誇りながら、時にエッジの効いた誤答やコメントで自ら爆笑を生み出すだけに留まらず、司会の山城新伍さんや、他のパネラーの発言を拾い、突っ込んで、確実に笑いに導いてくれる。パネラーでありながら番組全体をリードする、ある意味、芸能界最強の〝クイズ王〟でした。

発想力を競うこのクイズ番組で、僕は全くひらめかず誤答を連発していたのですが、紳助さんがいると、安心して「大間違い」をすることができました（笑）。

自分の役割を見つけ、それをアピールしてポジションを確立していく――。

僕の言う「パネラー力」は、実はクイズに限らず、あらゆるジャンルの番組で求められる、テレビタレントの「基礎力」でもあるのですが、僕はその力を、三枝さんや紳助さんに、クイズ番組を通して鍛えてもらったのです。

そういえば、後に、紳助さん司会の『クイズ！ヘキサゴンⅡ』（フジテレビ系）からは、「おバカ」と呼ばれた「パネラー力の高いタレント」が次々と誕生しました。

おそらく、若き日の僕が三枝さんにそうしてもらったように、みんな、紳助さんに「誤答」を鍛えられたはず……。

というのも、『ヘキサゴン』は「ボケ解答」に厳しかったと聞きます。

笑いの天才であり、クイズショーを誰よりも熟知していた紳助さんだからこそ、ボケ解答と、クイズショーを盛り上げる誤答との間に、明確な線を引いていたのかもしれません。紳助さんご本人に聞いたら、「ちゃうな」と言われそうですが（笑）。

ライバルと自己を徹底比較――島田紳助の分析力

タレントの中には「視聴率は見ない」という方もいるようですが、僕は結構細かく見るタイプです。出演した番組はもちろん、裏番組の「毎分視聴率表」（1分ごとの視聴率の推移を示すグラフ）までチェックします。

この習慣は、20代の頃、関西の番組でお世話になった二人の〝分析家〟の影響です。

『クイズ!!ひらめきパスワード』で共演した島田紳助さんには、収録後にご飯に連れて行っていただくなど、公私共にとてもお世話になりました。

紳助さんは、いつも小さなノートを持っていて、そこに、自分の出演番組と裏番組の視聴率を、びっしり〝手書き〟していました。裏番組の内容と視聴率を細かく分析して、「ライバル番組がやっていないことをやる」「同じことをするなら、ライバル番組より確実に面白い内容にする」と、自分の番組作りに生かしていたようです。

紳助さんは、お笑いタレントとして初めて報道番組のメインキャスターを務めるなど、「人がやっていないこと」にこだわり、そのために、徹底的な自己分析と他者分析をしていました。同期の明石家さんまさんと「同じことをやっていたら、華のあるアイツには勝てない」と、あえて、さんまさんがやらない仕事にも挑戦していたようです。

「ライバルを分析し、ライバルに先がけて新たな市場を開拓する」のは、事業戦略などの基本ですが、お笑い界の天才・島田紳助が、ここまで徹底的に「分析」に力を入れているのか……と、正直、とても驚きました。

「全体の中の自分」を意識する――やしきたかじんの分析力

もう一人の〝分析家〟やしきたかじんさんは、独特の方法で、テレビと向き合っていました。

読売テレビの人気番組『たかじん no ばぁ〜』にゲスト出演させてもらった後、たかじんさんの自宅にお招きいただきました。たかじん邸のリビングには5、6台ものテレビがあり、なんと、全局の放送を〝同時〟に観ていたのです。

「こんなに沢山同時に……、一体、何を、どう観ているのですか?」と聞くと、各局の〝色〟や〝雰囲気〟を見ながら、「全体の中で、自分の番組がどう見えているのか」を分析しているのだ、と。

ハイレベル過ぎて今も完全には理解できていませんが、たかじんさんの視聴法は、僕が自分の番組を分析する時に、参考にさせてもらっています。

「視聴率」に翻弄されない

お二人から学んだのは、視聴率を〝成績〟ではなく〝材料〟と捉えること。

結果に一喜一憂するのではなく、データを分析、比較して、「何が足りないのか」「自分たちの強みはどこか」「強みをどう活かせばさらに面白くなるのか」と戦略を考える。「視聴率を番組作りの材料にする」という考え方は、後に、自分で番組を企画し、改善を加える時に、大いに役立ちました。

今は、個人視聴率、コア視聴率、占拠率など〝指標〟が増えていますが、これも、自分たちの番組を「誰に、どう届ければ良いのか？」の「誰」の部分が、より見えやすくなったということ。どれも番組作りの材料が増えたとポジティブに考えれば、翻弄されることもない気がします。

料理だって、材料が多いほうが、「材料選びの楽しみ」が増えませんか？ それほど料理をしないので〝たとえ〟に自信がないのですが……。

そう、料理の材料といえば、たかじんさんがテレビ史に刻んだ〝大事件〟にも触れておきましょう。

1992年、たかじんさんが、東京に本格進出を果たした、テレビ朝日系の深夜生番組『M10』。料理をしながらトークをするコーナーで、スタジオに用意されているはずの「味の素」が見つからず、たかじんさんが、「何で味の素がないんや！」と激怒。大暴れして、スタジオから出ていく事態に……。

今では〝味の素事件〟として知られていますが、実はこの時のゲストの一人は、僕だったのです（笑）。

CM明け、たかじんさんが去ったスタジオで、同じくゲストの大竹まことさんと一緒に、レシピを見ながら、必死に料理を作りました。


少し裏話をすると、たかじんさんは生放送でいきなり激怒したわけではなく、味の素がなかったことも、怒りの導火線に火をつけたきっかけに過ぎなかったようです。

たかじんさんは、詳細なレシピのメモを作って事前にスタッフに送り、再三、電話で打ち合わせしたにもかかわらず、放送当日、スタジオには「味の素」がなかった。

完璧な準備をして番組に臨むたかじんさんは、スタッフの詰めの甘さや、コミュニケーションを軽んじていた「番組作りの姿勢」に怒っていたようです。

突然、理不尽に切れた〝傍若無人エピソード〟のように広まっている面もあるので、お世話になった東京の後輩、そして当事者として、ここでフォローさせていただきたいなと。

とはいっても、あの時は冷や汗をかきました。大竹さんと作った「こんにゃくステーキ」の味は全然覚えていません。

もう一度、ちゃんと食べたいなぁ。もちろん、味の素を振って。

【文枝さん、紳助さん、たかじんさんから学んだ、明るく生きるヒント】

◉自分の役割を見つけ〝ルールの中で〟最大限のアピールを

◉徹底的な分析・比較で「競争相手がやらないこと」を見つける

◉「視聴率」は成績ではなく、番組作りの「材料」と捉える

上岡龍太郎さんの、〝好き〟を貫く美学

話芸の達人は「憧れ」を笑顔で語る

広い芸能界で〝話術に長けた人〟は、それこそ星の数ほどいますが、〝話芸の達人〟といえば、僕の中では、真っ先にこの方の名が浮かびます。2000年に58歳で芸能界を退き、2023年にお亡くなりになった上岡龍太郎さんです。

初めて番組でご一緒したのは、上岡さんが東京に本格進出した、フジテレビ系『上岡龍太郎にはダマされないぞ！』（1990〜1996年）。

上岡さんは、どんな話題でも、必ず〝自分の物差し〟で意見を言う、まさにモノ言う司会者。だからこそ、ステレオタイプな批判をする専門家や、怪しい自称霊能者など、〝虎の威を借るタイプ〟にはめっぽう厳しく大喧嘩も辞さない方でした。

そんな上岡さんの司会術で、僕が特に学んだのは「番組への入り方」でした。

上岡さんは、番組の〝つかみ〟のひと言目がとても強いんです。「芸は一流、人気は二流、ギャラは三流、恵まれない天才、私が上岡龍太郎です」という、ラジオ番組での〝口上〟は有名ですし、「ダマされないぞ」でも、毎週、話題のトピックをインパクトの強いキャッチーな一言でまとめて、観ている人を最初から引き込む。僕も自分の番組で〝上岡流〟に挑戦しようと、何度もトライしているのですが、いや、これが難しい（笑）。学んだつもりでもマネのできない〝一流の話芸〟です。

個人的なお付き合いの中で、僕が今も忘れられないのは、上岡さんの〝踊っている姿〟で……。

もともと上岡さんとは、ロックやロカビリーが大好きという共通点があり、僕が20代前半の頃にやっていた「ロックンロールショー」というライブにも、よく足を運んでくださいました。

僕が歌うプレスリーの曲に合わせて、あの上岡龍太郎が、満面の笑みでツイストを踊る。決して広くないライブハウスで、ギュウギュウの観客の中、実にノリノリなご様子で……！

上岡さんは、僕ら後輩に「芸とはこうあるべし」みたいな説教じみた話は一切せず、いつも音楽や映画スターの話を楽しそうにしてくれました。僕がするプレスリーの話にも「ヒデ、若いのによう知っとるなぁ」なんて目を細めてくれて……。

90年代は「笑いは、突き詰めるのが美徳」という空気が、今よりさらに色濃い時代でもあったので、上岡さんの「好きなモノを好きと言うスタイル」に僕はとても勇気を貰いました。

目の前で、日本を代表する〝話芸の達人〟が、嬉しそうにプレスリーの話をし、笑顔で踊っている。「バラエティをやりながら、プレスリーや裕次郎を好きでもいいんだ」と、自分の中にあった〝こうあるべき〟という先入観から解放されたような気さえしました。

上岡さんに対して「東京嫌い」のイメージを持つ方も多かったようですが、落語立川流の芸能人コースに弟子入りしたり、『男はつらいよ』の大ファンだったり、実は「東京の芸能」も大好きで……。

「ダマされないぞ」のメンバーで『新春かくし芸大会』への出演が決まった時には、楽屋で「ヒデ、俺もついにかくし芸に出るぞ!」と、小躍りして喜んでいた姿も忘れられません。

上岡さんから学んだ「強さ」と「人生の指針」

そんな〝憧れ〟を素直に出す少年のような一面を持ちながら、自分の信念に反したことは許さない〝強さ〟も上岡さんの魅力でした。

あれは二人で司会を務めた、テレビ朝日系『大発見！恐怖の法則』（1996〜1997年）で、視聴率のテコ入れのため、番組コンセプトから外れたVTRが流れた時でした。

「こんなことをやるためにこの番組を引き受けたワケではありません」と、突然、スタジオから出て行ってしまい……。残された僕は必死に場をつないだ記憶があります。

僕が『ウチくる!?』の時に大切にしていた〝軸がぶれることのない信念を持つ〟という姿勢は、そんな上岡さんの影響もあると思います。

それにしても僕は、たかじんさんといい、上岡さんといい、関西の大御所がスタジオを出て行った〝後始末〟を2度も経験していて……。その点では、東京のタレントとしては、唯一無二かもしれません（笑）。

上岡さんは、人生を山登りに例えて、僕にこんな言葉をかけてくれました。

「ヒデいいか、苦しいときは登っているとき。自分がすごいな、足が速いなと慢心したときは、下っているときだから気をつけろ」

この言葉は、タレントとしてだけでなく、人生の指針として今も肝に銘じています。

【上岡龍太郎さんから学んだ、明るく生きるヒント】

◉まずは「自分の物差し」で考え「自分の意見」を持つ
◉他人の目を気にせず「憧れ」や「好き」を素直に表現する
◉信念に反した仕事を拒否する、毅然とした態度も必要

夜の六本木で先輩から学んだこと、若い世代にいま学ぶこと

30年、夜の六本木で学んだこと

僕が若手の頃、80年代後半といえば、世はバブル真っただ中。日本の歴史上、夜の街が最も華やかな時代だった、というのは言い過ぎかもしれませんが、20代の頃は、夜な夜な六本木に繰り出し、先輩から芸能界のイロハを学んだり、クラブのお姉さんたちに大人の流儀や作法なんかを教えてもらったりと、お酒の席にはたくさんの先生がいました。

お酒の味を覚えてから30年以上、僕にとって「夜の六本木」は〝日常〟でした。それが2020年、コロナ禍の自粛生活を機に、パタッと行かなくなってしまった……。

結婚する前までは「一人の時間は極力短くする」と自分にルールを課してまで飲みに行っていたのに、いつしか、夜、外出しない〝新たな日常〟にすっかり慣れてしまった頃、ふと考えたのです。「あれ？　そもそも僕は、なんで飲みに行っていたのだろう？」。そして、ある〝飲み会〟の記憶が蘇ってきました。

バブルが弾けても、まだ残り香が漂っていた90年代初頭。20代前半の僕は、同世代のテレビマンたちと、頻繁に飲んでいました。

その酒席では、民放各社や制作会社の若手が局の垣根を越えて集い、演出論や、将来作りたい番組のビジョンを熱く語りながら、意見を戦わせていたのですが、とはいっても、「次世代を担うテレビマンたちのサロン」みたいなオシャレで高尚な雰囲気は皆無で、みな声が大きく、熱量だけやたら高い「テレビ屋たちの酒場」といった様相でした。

そこには『DAISUKI!』『THE夜もヒッパレ』のSさん。『タイムショック』『奇跡の扉　TVのチカラ』のTさん。「めちゃイケ」でおなじみ、鬼の総監督と言われたKさん。『ウチくる⁉』や「かくし芸」を共に作ってくれたSさん……。

ギラギラした若者たちが、夢をつまみに酒を飲み、朝まで語り合う……。まぁ、青いと言われたらそれまでですが、そんな仲間たちが、少しずつ夢を形にしていく姿は誇らしく、「俺も負けてられない」と刺激を受けていました。

合言葉は「天下を取ってやる！」。「天下」って言葉、よく使ってたなぁ（笑）。

今では時代が変わり、当時の仲間たちの立場も変わり、それぞれが思い思いの道を歩んでいます。でも、あの日があるから今の僕がある。僕にはまだ形にできていない夢も多いのですが……。

同じ世代の若手が集う、刺激的でワクワクするこの飲み会を、当時、「ここには〝何か〟俺にとって大切なモノがある」と漠然と感じていました。歳を重ねた今、改めて、その〝何か〟が「何だったのか」と考えると……それは、「成長への期待感」だったのではないかと思うのです。

タレント同士で話すのではなく、制作者視点の話を聞けば、「新しいテレビの見方や作り方を学べるかもしれない」。

若いテレビマンの柔軟な発想が「タレントとしてのスキルアップにつながるかもしれない」。

この場にいると、「もしかしたら昨日より成長できるかもしれない」。

そんな期待感があったように思います。

その後、テレビ業界以外に、ファッション業界やゲーム業界など、様々なジャンルのモノづくりに関わる人たちと飲む機会も増やしました。これも「もしかしたら、テレビに役立つ新しい学びがあるかもしれない」という〝成長への期待〟からかもしれません。

「もしかしたら、面白いことがあるかも」「もしかしたら、新しい出会いがあるかも」。

夜の街は、「もしかしたら……」の期待感に溢れていました。

若手テレビマンとの飲み会は「成長への期待感」を求めて、クラブや水着パブには、また別の期待感を求めて……（笑）。

一流のカッコいい大人とは

「カッコいい大人になれるかも」という期待感も六本木へ足を運ぶ大きなモチベーションでした。

かつて、六本木の大人たちは、ファッションもトークも、おしゃれで、素敵な人が多かった。何より、酒の席で説教したり、愚痴ばかり言ったりする〝カッコ悪い大人〟はいませんでした。

だから、そんなカッコいい大人たちを見て、僕らは「あんな風になりたい」「もしかしたら、なれるかも」と、憧れと期待を持って、彼らの飲み方、遊び方を真似していました。

「最近の若者は、飲まないし遊ばない」

我々世代は、ついそう言ってしまいがちですが、実は、夜の街への「憧れや期待感」を若者に持たせられなくなった〝最近の大人〟側の問題かもしれない……なんて考えてしまうのです。

中山流　若年世代とのコミュニケーション

50代も半ばを過ぎ、最近は、収録現場で最年長ということも増えました。スタジオでは、視力の衰えでカンペが見えず、コンタクトレンズを付けて収録に臨んだら、今度は、老眼で手元の台本にピントが合わない、なんてことも……。

それでも〝勘〟を頼りに進行できるのは、芸歴40年の強みでしょうか（笑）。

僕と同世代では、仕事で若い世代とのコミュニケーションに苦労する方も多いとか。何気ない言動が、セクハラ、パワハラと言われかねないので、〝及び腰〟になってしまうのもわからなくはありません。

では、僕は、どう接しているかと言えば、「自分が若い頃に〝嬉しかった〟ことをしよう」と常に心掛けています。

たとえばスタジオに大勢が集まる特番のMCを務めると、僕には収録が押してしまうクセがあります。〝撮れ高〟は十分なのに、あまり喋っていない若手の出演者に、「この人に見せ場を」としつこく話を振って……。

90年代初め、一人でテレビに出始めた頃、うまくコメントができない僕に、島田紳助さんや上岡龍太郎さんが、見捨てず話を振ってくれたことが何より嬉しかった。その感覚を、「若い人にも味わってもらいたい」と、つい話を振ってしまうのです。

若手から感謝されることもありますが、中には、「放っておいてくださいよ……」「収録が長いよ」と不満に思っている人もいるかもしれませんね(笑)。

若手の提案は、一度「受け入れてみる」

スタジオMCを務めた『TVおじゃマンボウ』のスタッフは、まだ25歳の僕が出す粗削りな企画にも真摯に耳を傾けてくれました。

その時の嬉しさから、僕も、若い人の提案は前向きに聞こうと意識しています。たとえば、『ウチくる!?』や『シューイチ』など、自分が司会を務める番組で、演出担当者が代わった時は、必ず話し合いの場を設け、疑問に思っていることを聞きます。話を聞いたら、基本的には、「一度やってみよう」と答え、必要なら「どうやるか」を一緒に考えます。

長く一つの仕事を続けていると、どうしても「自分の知っていることが正解」と思いがちになってしまいます。たとえ、その提案が自分に理解しづらいモノでも、若いスタッフが「面白い」と言えば、「そういうものなのか」と受け入れてみると……本当に面白いモノならば、それが自然に自分の中に吸収されていくものです。受け入れてみないと成長はありません。

とはいえ、全てを受け入れるのではなく、しっかりブレーキを踏まなければならない時もあります。

たとえば、いきなりメイン企画や出演者をガラッと変えようとする演出家の場合。就任早々、自分のカラーを前面に押し出す人がいるというのは、何もテレビの世界に限ったことではないでしょう。こういう人の口癖は、「これまでにない、新しいことをしたいんです！」。

ただそれは、新しいことをするのではなくて、単に壊しているだけ、というケースも多くて。番組の軸になるポイントを変えてしまうと、屋台骨が揺らぎ、固定ファンも新規ファンもどちらも逃してしまうかもしれません。

そうならないよう、「なぜ、この番組がこれまで長く愛されてきたのか」と〝軸〟を丁寧に説明して、「細かい演出から徐々に変えていこう」と提案します。

長く続く番組が、ずっと変わっていないように見えるのは、軸以外の細部を少しずつ変えているからですし、同じように、長く活躍しているタレントが、いつまでも若くハツラツと見えるのも、変化を受け入れ、自分にとって「譲れないアイデンティティ」以外の部分を、少しずつ変化させているからだと思うのです。

ダメ出しの伝え方にもひと工夫

演出家が「変えてはいけない軸」をつかんだと思ったら、もう一度話をし、そこで新たな提案があれば、今度は受け入れます。

ただ、このタイプの人の言う〝新しい企画〟は少し注意が必要です。勉強不足から、過去のパターンを無自覚にパクっているなんてこともあって……。

僕も若いときは、自分の発明だと思った企画が、既に先人がやっていたパターンだった、ということがよくありました。若いときは勘違いで突っ走る勢いも必要ですが、勉強不足はいただけない。ここを正すのも経験のあるベテランの務めです。

とはいえ、そんな時も伝え方を工夫します。

「それ昔あった『○○』っていう番組と同じだよ」と言うのと、「昔あった『○○』って観たことある？　なかったら、この企画を面白くするヒントになるかもしれないから、一度観てみるといいかもね」と言うのとでは、受け手の印象が全く違いますよね。

僕が若い頃に出会った〝一流の大人〟たちは、皆、頭ごなしに否定したりせず、一度受け入れて吸収して、上から教えるのではなく、横からヒントを出すスタイルでした。

最近、ある雑誌で、「今、時代に求められている管理職のスタイルは、部下と同じ目線に立つことができ、チーム全体の信頼関係を高めて組織を強くする『関係重視型リーダー』だ！」という趣旨の記事を目にしました。

まるで新しい価値を提示しているみたいな書き方でしたが、いやいや、昭和の時代から、仕事のできる〝一流の大人〟たちが実践していたスタイルです（笑）。

LINEの文末に「。」を打ったらハラスメントになってしまわないか……なんて問題は、残念ながら、僕がいくら頭を悩ませても、どうこうできることではない。だから僕は、若い人と接するときは、一流の先輩たちとの〝嬉しかった記憶〟を思い出すように心がけています。

【先輩・後輩から学ぶ、明るく生きるヒント】

◉成長・憧れ「もしかしたら」を感じさせる飲み方を
◉若い世代の提案はまず受け入れてみる姿勢で
◉時にブレーキをかけることもベテランの務め
◉上から教えるのではなく横からヒントを出す

静かなるドン　憧れを貫いて知った「大スターの凄さ」

主役抜擢の意外な理由

「昼は3枚目、夜は3代目」。1994年10月から放送された日本テレビ系ドラマ『静かなるドン』のキャッチフレーズです。

この作品で僕は、「昼は女性下着メーカーの落ちこぼれデザイナー、夜は新鮮組の3代目総長」という、型破りな主人公・近藤静也を演じました。

新田たつお先生の原作漫画は、当時、既に大人気で、のちに週刊誌連載1000回の金字塔を打ち立てた伝説的な作品。1991年には香川照之さん主演でVシネマにもなり、こちらも人気シリーズに。

コアなファンも多いヒット作の待望のテレビドラマ化だったわけですが、「なぜタレントの中山秀征が主役に?」と驚きや疑問の声も上がって……。

その疑問は、原作とVシネマ、両方の大ファンだった僕も同じように抱いていました。

「とても光栄ですが、なぜ僕なんでしょうか？」。プロデューサーに尋ねると、「ヤクザができる役者は大勢いるけど、下着デザイナーを演じられる奴はなかなかいなくてね。それができるのがヒデなんだよ」と、僕を抜擢した一番の理由が〝音楽ライブ〟だったという意外な事実を教えてくれました。

当時、僕は「ロックンロールショー」と銘打ったライブを定期的に開いていました。革ジャン、リーゼントヘアのロカビリースタイルで、大好きなプレスリーや、エディ・コクランのナンバーを歌っていたのです。

その姿を見たプロデューサーは、普段、僕がバラエティで見せる〝表の顔〟とのギャップに驚いてくれたようで「『静かなるドン』は、ヒデにぴったりだ」と、即決してくれたようです。

テレビの仕事とは関係なく、純粋に「好きだから」と始めたライブが、結果的に、ドラマの主役という大きな仕事につながるのですから、つくづく芸能界とは不思議な世界です。誰がどこで見ているか分からない。

10年ぶりの主役か、14本のレギュラーか

届いた企画書を見ると、放送時間は、あの『太陽にほえろ！』が放映されていた〝伝統の金曜夜8時〟。芸能界一の石原裕次郎ファンを自任する僕にとって、裕次郎さ

んと同じテレビ局、同じ時間のドラマに主演できるなんて、これ以上ない幸せです。

もちろんオファー快諾……かというと、実はそうはいかない理由がありました。

当時の僕は、バラエティのレギュラーが週に14本あり、ドラマの仕事を受けるなら、撮影スケジュールの関係で半分近く番組を降板しなければならなかったのです。

10年前、関口マネージャーに「お前のやりたい歌や芝居は、ここで天下を取ればできる」と説得されて飛び込んだバラエティの世界でしたが、この頃には、その現場で必要とされることに、生きがいを感じていました。

僕にとって「14本」という数字は、ただの仕事の本数ではなく、一つ一つの現場で、ゼロから信頼を積み上げたことを示す、確かな証でもありました。

デビュー直後に、日本テレビのドラマ『ハーフポテトな俺たち』（1985年）に主演して以来、「いつかまた主演ドラマをやりたい」という思いを封印して駆け抜けた10年間。もう27歳、そろそろ次のステージに挑戦したい。でも、スタッフと築いた信頼を裏切るわけにはいかない……。

「中山、やりたいだろ?」。関口さんは笑顔で問いかけてきました。この人には、僕の心の底の、さらに奥まで見えているのだろう……。

僕が反射的に「やります！　やりたいです！」と答えると、関口さんは「わかった。謝ってくるよ」と言って、各局へ、レギュラー降板の許しを請う謝罪行脚に向かいました。その節は、多くのスタッフの皆さんに大変ご迷惑をおかけしました。

「ドラマやるからバラエティを降りるって、勘違いしてるんじゃない？」

そんな声もあったと聞いたのは、ずいぶん後のことです。関口さんは何も言わずに全力で10年前の約束を果たしてくれました。ならば僕は、必ずこの挑戦を成功させなければならない。

まさに不退転の覚悟で挑む『静かなるドン』。その制作発表会見には、青と赤のレジメンタルのネクタイを締めて臨みました。石原裕次郎さんの形見のネクタイです。

石原裕次郎に〝なった〟6カ月間

僕はかつて、石原裕次郎だったことがあります。誤植ではなく「石原裕次郎だった」のです。

ドラマ『静かなるドン』の収録スタジオは〝昭和の大スター〟石原裕次郎を育て、数多の名作を生んだ、東京・調布の日活撮影所でした。

20歳の頃、偶然、若き日の裕次郎さんの作品に触れ、そのカッコよさに一目惚れした僕は、映画、歌、ドラマなど裕次郎さんのあらゆる作品を、それこそ、穴の開く程観てきた大のマニア……いや〝裕次郎かぶれ〟と言うべきか、それほどスター・石原裕次郎を愛していました。

そんな僕ですから、裕次郎の聖地「日活」で撮影し、『太陽にほえろ！』と同じ時間に放送されるドラマに主演する意気込みは、半端なものではありません。この仕事が決まってからというもの、会う人会う人に「僕の意気込みを天国の裕次郎さん本人に伝えたい！」と真面目に語っていました。すると、その思いを耳にしたまき子夫人のご厚意で、成城のご自宅に招待していただくことになったのです。

仏壇でお線香を上げ、しっかりと手を合わせ「金曜8時、全身全霊で挑みます」と報告。この時、まき子夫人から、裕次郎さんが愛用されていた青と赤のレジメンタルのネクタイまでいただきました。

ドラマの制作発表会見には、その形見のネクタイで臨み、それ以後も、結婚会見、芸能界の大先輩と共演するここ一番の収録といった、人生の節目節目に必ず身につけています。締める度に、裕次郎さんの魂を感じる宝物です。

撮影所の中でも、裕次郎さんの「姿」を感じていました。裕次郎さんの歩いた廊下、セットチェンジを待った楽屋、衣装合わせをした部屋……その残り香に興奮する僕に、日活のベテランスタッフさんたちは、「これは、裕ちゃんが着ていた衣装だよ」「裕ちゃんは、いつも、この辺に座っていたなぁ」と、若き日の裕次郎さんのエピソードを嬉しそうに話してくれました。酒を愛し、昼間からビールを飲んでいたという逸話を持つ裕次郎さんの専用冷蔵庫もあったそうです。

『静かなるドン』は撮影方法も、裕次郎さんの映画同様、「ワンカメ」で行われました。当時既にドラマも映画も、ワンシーンを何台ものカメラで同時に撮る「マルチカメラ」が主流となっていましたが、『静かなるドン』は、1台のカメラでワンカットずつ撮っていきます。ワンカット撮っては、「カメラ切り替えまーす」「照明立て直しまーす」と、とにかく時間がかかる……。

しかも、僕が演じた静也は〝昼は下着メーカーのデザイナー、夜は3代目総長〟と二つの顔を持つ役です。昼は、石田ゆり子さんや石倉三郎さんと会社のシーンを撮影し、夜は白いスーツに着替えて、鹿賀丈史さんや阿藤海さんとシリアスなシーンを撮る。そんな撮影が週5日みっちりの、超ハードスケジュール。それでも不思議なほど疲れを感じなかったのは、僕が、石原裕次郎に〝なった〟からでした。

撮影現場では、スタッフもキャストも、僕を「3代目！　3代目！」と呼んでくれて、まるで映画の看板スターを扱うように盛り立ててくれました。

すると、自分が本当に日活の看板スターになった気になり、どんどん振る舞いが裕次郎さん的になっていき……。

たとえば、裕次郎さんは、若い頃スキーで足を骨折した影響で、片足を少し引きずる感じで歩く癖があったのですが、僕も徐々にその歩き方になっていきました。

静也の白いスーツも、裕次郎さんが、映画『赤い波止場』で着ていた白いスーツのように思えてきて……。2階の窓から日活のプロデューサー水の江瀧子さんがみているかのように。

自分の中では、石原裕次郎主演の『静かなるドン』に出ている感覚で、自分は「近藤静也役を演じる裕次郎」を演じている。そんな、経験したことのない感覚が、半年の撮影の間、ずっと続きました。

なので、どれだけハードスケジュールでも「俺は、裕次郎なんだから、このくらい平気平気」と。

さすがに昼から飲むことはなかったけれど、裕次郎さんとの〝シンクロ状態〟は、撮影所を出た、打ち上げの場でも続いていました。

一体感を生んだ〝裕次郎式〟打ち上げ

裕次郎さんは〝現場の一体感〟を、何よりも大切にしていたと聞きます。「同じ釜の飯を食わなければ、同じ気持ちにはなれない」というポリシーを持ち、ロケ現場で、俳優とスタッフの弁当に差があることに怒り、そこから、文字通り「同じ釜の飯を食う」、石原軍団伝統の「炊き出し」が生まれた、という素敵な逸話も。

『静かなるドン』の現場、日活撮影所で、「オイラは裕次郎」状態になっていた僕も、裕次郎さんがそうしていた（と誰かに聞いた）通り、1話撮り終えるごとに、スタッフたちと打ち上げを開いていました。

そこでは、ベテランスタッフが語る「裕次郎伝説」に聞き入ったり、若き助監督が語る壮大な作品の構想に「頑張れよ、若者！」なんて発破をかけたり（僕も27歳の若造だったのですが）。

裕次郎さんの人生訓である「夢を持て、ロマンを語れ」の通り、年齢も立場も超え、みんなで夢やロマンを語り合う酒席は、〝祭り〟のような熱気と一体感に包まれていました。朝まで飲んでは仮眠をとって、その日の撮影へ、なんてことをよくやっていたので、早く帰りたかった人もいたはずですが……すみません。

いつも30〜40人が参加していたため、店選びも一苦労でしたが、ここで活躍してくれたのが、日活と石原プロのお膝元・調布の高校を出た友人、見栄晴です。

僕の「今から貸切りにできる店ないかな？　40人なんだけど」なんて無茶なオーダーにも、「じゃあ、知り合いのBarに連絡しておくよ」と毎回、二つ返事でOK！見栄晴があんなに頼もしい存在だったのは初めてかも……。クレジットこそされていませんが、彼もドラマを盛り上げた重要なスタッフでした（笑）。

「タレントの中山が主役?」と、心配の声もありながら船出した『静かなるドン』でしたが、スタッフの皆さんと共演者の皆さんの素晴らしい一体感のおかげで、結果は、2クール19話の平均視聴率が13%。当時苦戦が続いていた金曜8時枠で期待を上回る成績を残し、日本テレビからは、お礼のタテを頂きました。

僕は、皆さんへの感謝の気持ちを少しでも形に残せたらと、地元群馬の酒蔵で『静かなるドン』という日本酒を作り、最後の打ち上げで、一人一人に手渡ししてお礼を言いました。その場には、なんと、ドラマの主題歌を担当した桑田佳祐さんが来てくれるというビッグサプライズも!

『静かなるドン』が終わって30年近く経った今になって、初めて告白するのですが、撮影のあった半年間、僕には、裕次郎さんの〝声〟が聴こえていました。

たとえ話ではなく、本当に……。

撮影所で裕次郎さんを真似て演技している時、打ち上げで、裕次郎然として振る舞いながら酒を飲んでいる時、いつも、あの、日活時代の裕次郎さんの声で「へへッ、バカやってんなぁ」と語りかけてくれるのが聴こえていたんです。

もしかしたら、主演の重圧や、ハードスケジュールが生んだ幻聴だったのかもしれません。でも、僕は今も、日活撮影所にいた裕次郎さんの魂が、僕を見守り、励まし続けてくれたのだと信じています。だからこそ僕は裕次郎さんに〝なれた〟のです。

デビュー10年で頂いたドラマ主演という大仕事。『太陽にほえろ！』と同じ枠で、日活撮影所で、ワンカメで、憧れの裕次郎さんをとことん演じた半年間で分かったのは「俺は石原裕次郎ではない」という、当たり前の事実でした。

半年で、体はヘトヘト。打ち上げでギャラも全て使ってしまいましたし（笑）。

裕次郎さんは、出演映画約100本、レコードを500枚近くリリースし、ドラマ出演は1000回を軽く超えます。デビューからずっと、看板スター・石原裕次郎であり続けることは、どれだけ大変なことか、ほんの少しだけですが体感できた気がします。

憧れの石原裕次郎はやはり不世出のスターだった。改めて気づかされた〝祭りのあと〟でした。

【『静かなるドン』から学んだ、明るく生きるヒント】

◉新たなステージに挑むときは、何かを捨てる覚悟も必要

◉憧れの人に「なりきる」ことで、ハードルを越えていく

◉スタッフたちとの打ち上げに、時間もお金も惜しまない

渡邊晋社長が教えてくれた「エンターテイナーの原点」

「お客さんにスマイル！」

今も、世界一有名な日本の歌といえば、1963年に全米チャートで1位を獲得した、坂本九さんの『上を向いて歩こう』を挙げる方が多いのではないでしょうか。

このメロディーの生みの親である作曲家・中村八大さんと同じバンドでベーシストとして活躍し、後に〝芸能界を変えた男〟と言われたのが、僕が所属する「渡辺プロダクション」（現・ワタナベエンターテインメント）の創設者・渡邊晋《しん》さんです。

ミュージシャンの地位向上を図るため、1955年に「渡辺プロ」を創立。

マネージメント業にとどまらず、原盤制作や映画制作、テレビ番組制作も手掛け、現在の〝芸能ビジネス〟の原型を作り上げた、日本エンターテインメント界の父と言える存在です。

そんな晋社長が、数多のタレントに贈った言葉として知られているのが「スマイル！」。ベーシスト時代から「いい音楽をやろう」だけでなく「お客さんに楽しんでもらわなければ、いい音楽も何もない」という哲学を持ち、演奏中もバンドメンバーに「お客さんにスマイル！」と声をかけていたとか。

中村八大さんが、ＮＨＫ『夢であいましょう』などテレビ番組でピアノを弾く時、いつもカメラ目線で笑顔だったのも、その影響と言われています。

「トゥーマッチ！」

僕が初めて晋社長に会ったのは、１９８５年1月の渡辺プロ新年会。１５００人収容の東京プリンスホテル・鳳凰の間に、各界から来賓を迎え、ステージにはハナ肇とクレージーキャッツ、沢田研二さん、小柳ルミ子さん、吉川晃司さんと、看板スターがズラリ！　ド新人の僕もチラッと壇上で挨拶をしましたが、足がガクガク震えて……。

その日の何もかもが、〝ザ・芸能界〟を象徴する場面として今も瞼に焼き付いています。この時は「会った」というより「見た」だけでしたが、数週間後、晋社長から生涯忘れられない「言葉」をもらうことになります。

それは、渋谷１０９のライブハウスで行われた「ＢＩＧ　ＴＨＵＲＳＤＡＹ」のライブ。渡辺プロが立ち上げた〝お笑いプロジェクト〟に興味を示してくれた晋社長が、突然、僕らの公演を「観に行きたい」と。

会場のキャパは150人（鳳凰の間の10分の1）。「マジで⁉」と、僕ら演者以上に驚いたのが、マネージャー陣です。「座席は？」「動線は？」「銘柄は？」「め、銘柄って？」「社長のお好きなビールの銘柄だ！　ちゃんと確認して用意したか？」とバタバタの中で、公演が始まりました。

17歳の僕は緊張よりも「社長が観ている」と気持ちが高ぶり、いつも以上に、目いっぱい踊り、歌い、コントに汗を流し、「やり切った」と大満足。

終演後、「社長、褒めてくれるかな？」と期待するも、楽屋に来た晋社長からは、「トゥーマッチ！」と、まさかのダメ出しが……。続けて、「お客が疲れる。そこまでやんなくていい」と、穏やかなスマイルでアドバイスをくれたのです。

プロなら利己的でなく利他的に

「トゥーマッチ」

この一言を僕は、40年近く経った今も「プロの心構え」として胸に刻んでいます。

僕なりの解釈では「自己満足するな、余白を見せろ」ということ。

あの時は「俺を観てくれ！」と120％の力で演じていました。でも、それはアマチュア同然の自己満足で、観ている方は疲れるし冷めてしまう……。

「お客さんに楽しんでもらうために」演じるのが、プロのエンターテイナー。お客さんに「楽しい」と感じてもらえるだけの余白を持って演じなさい、と。
プロは利己的ではなく、利他的に演じるという〝原点〟を学びました。
もっと教えを受けたかったのですが、この時、既に大病を患っていた晋社長は2年後に他界し、その後、芸能界の地図は大きく変わるのですが、それはまた別の章で。

今も収録や舞台で、つい、やりすぎてしまいそうになることがあり、そんな時は必ず、晋社長の「トゥーマッチ！」の声が聴こえてきます。たった1回のライブで新人の弱点を見抜き、改善策を「一言」で伝えてくれた、晋社長のまさに「至言」です。
ライブ後しばらく、BIG THURSDAYの仲間たちから「トゥーマッチ」というあだ名で呼ばれていたのも、今では良い思い出です。

【渡邊晋社長から学んだ、明るく生きるヒント】

◉自分を満足させるのではなく、お客を満足させるのがプロ

◉決してやりすぎず、楽しんでもらう「余白」を意識

第3章

人生のピンチを
〝明るく〟乗り切る方法

命の危機もあった、デビューまでの道のり

40年にわたるテレビタレント人生の中では、数々のピンチも経験しました。ただ、後になって「あれはピンチだったなぁ」とは思っても、渦中にいる時はただただ必死で……。

ここからは、今振り返ると「結構な逆境だった経験」を綴っていきたいと思います。そもそも、芸能界へ入るまでも、ピンチの連続でした。

スターに「なりたい」ではなく「なれる」

僕が芸能界への憧れを自覚したのは、5歳の時、地元・群馬の遊園地で観たフィンガー5でした。メインボーカルの晃と〝一緒に歌おう〟という企画への参加が、ちょうど僕の前で締め切られてしまったその時、チャンスを逃した悔しさと、ある思いが目覚めました。「僕もスターになって、あのステージに立ちたい」と。

この思いはどんどん大きくなっていき、中学2年の時、「3カ月やってダメなら諦

めるから」と親を説得して東京の劇団に入ると、ちょうど3カ月後、火曜サスペンス劇場『狙われた女教師』の準主役に選ばれ、はじめてテレビに出ることに。

出会いがしらのラッキーパンチが当たった、実に幸運な出来事だったわけですが、ここで「スターになりたい」という〝思い〟は「なれる」という〝思い込み〟に変わってしまいました。


その後、いくつかのオーディションに落ち続けても〝思い込み〟は揺らぐことなく、それどころか「俺は群馬にいるからチャンスが少ないんだ」と、学校の三者面談で〝東京行き〟を宣言します。

最初は悩んでいた両親も思いを熱く語る僕の説得攻勢についに納得してくれ、結局、川崎にいる母の知人宅に「少しの間なら……」と下宿させてもらい、神奈川の公立高校に進むことになりました。１９８３年春のことです。

しばらくお世話になった後、約束通り下宿先を離れることになり、その後は友人宅を転々と渡り歩くも、それも限界で住む家を失うピンチに……。

「先生どうしよう。俺、スターになるのに家がない……」

学校で、担任の先生に相談しました。

生活を脅かす大ピンチにも思い込みだけは揺らがない〝ヤバい教え子〟に、先生は

「こいつは放っておくと、野たれ死ぬか、とんでもない非行に走る」と危機感を抱いてくれたようで、「次に住むところが決まるまで」という約束で特別に自宅に住まわせてくれることになりました。もちろん学校には内緒で。教育者としての責任感にかられて保護してくれたようです。

先生の温情によって首の皮一枚つながったこの時も、僕は「俺、絶対に売れます。先生は未来のスターの恩人ですね！」なんて冗談を言っていました。

先生は笑ってくれましたが、図々しく申し訳なかったと今は反省しています。

バブルに向かう日本で、まさかの栄養失調

6畳と3畳間の木造アパートの3畳間に居候させてもらうことになりました。何とか住まいは確保し、あとはオーディションに合格してスターになるだけ……のはずが、ちっとも受からない。悶々とする日々を過ごすうち季節は冬になっていました。

この冬は記録的な厳冬で、〝五九豪雪〟と呼ばれる大雪が翌年にかけて日本列島を襲いました。ガラス窓が凍り付いて開かず、力任せに開けると、木の格子が「ガーン」と音を立て薄いガラスが全て粉々に……。

とりあえず段ボールを貼って補修したものの、とにかく寒いの、なんの。「俺はここで何してるんだろう」。さすがの僕も、ふと、〝我に返る〟瞬間がありました。ただ、

気持ちより先に、体の方が限界を迎えてしまいます。

暮れも押し迫ったある朝、寝床から起き上がろうとしても、動けない。視界がぼやけて何も見えない。心配した先生に連れられ、病院に行くと……。医師の診断は、「栄養失調」。

そういえば、生活費やオーディションに行く電車賃を捻出するため、とにかく食費を削っていました。基本的には一日一食。丸一日何も食べないなんてこともザラで、そりゃあ、倒れます。世間はバブルに向かう中〝食べられない〟という状況は、この年大ヒットした朝ドラ『おしん』にはあっても、なかなか現実にはなく……。「まずは食べなさい」。優しくそう言ってくれた医師の表情は、ちょっとだけ呆れているようにも見えました。

いよいよこの時になって、僕は初めてピンチを自覚しました。

命の危機はもちろんですが、実は、栄養不足の影響か、下半身が〝目覚め〟なくなってもいて……。「このままでは、スターになれないどころか、人としての楽しみを何も経験しないまま、終わってしまうのではないか」。自分の置かれている現実の厳しさを、改めて痛感しました。

ここから、「スターになれる」という思い込みのスイッチを、「スターになるためには?」と、現実路線に切り替えました。「劇団から振られるオーディションに行くだけでは、ずっとこのままだ」「チャンスは自らつかみにいかねば」。なけなしの現金を握って書店へ走り、人生最後の賭けという覚悟で『デ・ビュー』というオーディション雑誌を買い、〝本気で勝つ〟ための秘策を講じました。

吉川晃司は二人いらない?

創刊されたばかりのオーディション雑誌『デ・ビュー』を手に、僕は初めて、〝夢〟を〝仕事〟にするためにはどうすれば良いのか、具体的に考えてみました。

まずは、漠然と抱いていた「スターになる」という思いを掘り下げ、自分の「なりたい姿」を具体的に想像してみました。

「そもそも俺って何がしたい?　どうなりたい?」と。

欽ちゃんの番組に出て歌やコントをやってみたい!『ザ・ベストテン』のような歌番組に出てみたい!「金八先生」のような学園ドラマにも出てみたい!「なりたい姿」に近づくためには……と思いを巡らせながらページをめくり、萩本欽一さんの浅井企画、松田聖子さんのサンミュージック、たのきんトリオのジャニーズ事務所、そして、多くのヒット歌手を抱え、番組制作も手掛ける渡辺プロダクションに、一斉に履歴書を送ることにしました。とにかく数撃ちゃ当たるかも……という気持ちで。

履歴書を書く段になり、渡辺プロのオーディション募集広告にあった、ある文言に目が留まりました。「第2の吉川晃司にならないか?」。

若い世代だと、吉川晃司さんのことを、グレーヘアの渋い俳優さんと認識している方も多いかもしれませんが、この当時の吉川さんは、デビュー作の主演映画『すかんぴんウォーク』の公開が決まり、彼自身が歌う主題歌『モニカ』も発表され、「鳴り物入りの超大型新人」と注目の的になっていました。

芸能界を夢見る若者たちにとって、破格のデビューを連想させる「第2の吉川」は、まさに、最高の煽り文句だったのです。

しかし、その煽り文句を見た中山少年は思ったのです。「吉川晃司は二人もいらないのでは?」と。「16歳のガキが何を言ってるんだ」というご指摘はもっともですが、要は、吉川晃司と全く違うタイプの〝強み〟をアピールした方が、目に留まるのでは?と16歳なりに考えたのです。

そこから「吉川晃司がやらないことはなんだろう……?」と必死に策を練りました。求められているのは「第2の吉川晃司」なのに、です(笑)。

オーディションの募集要項には「歌3曲をカセットテープに入れて履歴書に同封」とありました。デモテープを録音するため、レコーダーの前で悩んでいた時、ふと、実家の光景が浮かんできました。

群馬県藤岡市の中山縫製という会社。30人ほどが働く工場では、いつも「8トラ」から、ポップス、歌謡曲、演歌、小唄と、様々なジャンルの歌が流れていました。小さかった僕は、それらを自然と覚え、大人たちの前で披露します。最新ヒット曲から、石原裕次郎さんや美空ひばりさんの名曲まで幅広く歌うと、工場の大人たちは自然と笑顔になってくれました。

「そうだ！　幅を見てもらおう」。そう考え、ジャンルの異なる3曲を選ぶことに。西城秀樹さんの『ギャランドゥ』、柏原芳恵さんの『春なのに』、梅沢富美男さんの『夢芝居』をデモテープに吹き込みました。ポップスも、女性の歌も、演歌も何でも歌えます！というメッセージを込めたつもりで。野球で言えば、内外野どこでも守れるユーティリティープレイヤー、「幅の広さが自分の個性」とアピールしたのです。

その戦略が、どれほどの効果を生んだのかは分かりません。まったく関係なかったかもしれません。ただ、このテープを送ったことで、僕は渡辺プロの書類審査を通過したのです。そう、あれほど落ちまくっていたオーディションに合格したのでした！

実際は、レッスン生としての合格で、事務所と契約できるかどうかは、その後の話だったのですが……。思い込みの強い僕は、「渡辺プロの契約タレントになれた！」

と有頂天になり、拾ってくれた恩に報いるべく、「渡辺プロに一生を捧げます！」と固く固く誓ったのでした。

恩人は遅れてやってくる

1984年春、ついに、渡辺プロのレッスンが始まりました。が、いきなり大ピンチを迎えます。

譜面は読めない、まともに音すら取れない僕は、すぐに音楽班からドラマ班へ異動。ドラマのレッスンは、自分で選んだ映画台本でセリフの練習をします。

みんなが『羅生門』や『潮騒』といった文学作品が原作の映画台本を手に、情感たっぷりに演技する中、僕は、古本屋で買った『ハイティーン・ブギ』の台本を手に、マッチこと近藤真彦さんの役を熱演。その演技力もイマイチで、講師の先生の怪訝な顔は、今も忘れられません。

結局ドラマ班からもお払い箱となってしまい、レッスン生になってからわずか3カ月後、僕の処遇は、マネージャーがタレントを選ぶ社内オーディションに委ねられました。

簡単な演技を披露した後、マネージャー陣の前に立たされ、運命の時を待ちます。

「じゃあ、中山君を担当したい人？」

チーフマネージャーの呼びかけに、誰ひとり手を挙げてくれず、目の前が真っ暗に……。「終わった」。そう思った瞬間、大遅刻して入ってきた一人の男性が手を挙げました。「はい！　はい！　中山は、俺が担当します」。生涯の恩人・関口雅弘マネージャーです。

後年、関口さんに、手を挙げてくれた理由を尋ねると、「こいつは俺が磨けば光る！」と思ってくれたわけでは全くなく、「なんか面白そう、とにかく身軽だし（器械体操をやっていたので）」と、そんな感じだったとか……。

とはいえ、またも首の皮一枚でピンチを脱することができ、この日から、16歳のタレント見習いと、25歳の若手マネージャーの二人三脚がスタートしました。

「この寮でナンバーワンになってやる」

しばらくは関口さんの〝預かり〟という形で、歌や芝居のレッスンを続けることになり、これまた関口さんの〝裏工作〟で、渡辺プロの寮、通称「国立《くにたち》寮」に入ることもできました。

寮の入口にある大きな黒板には寮生の名札がかけられていて、寮にいる時は白札、仕事やオーディションで外出する時は赤札にします。先輩の松本明子さんの札が、いつも白かったのを覚えていますが（笑）、そもそも、契約タレントではない僕には、名札自体がありません。黒板を見る度、悔しくなり、「絶対にここでナンバーワンになってやる」と誓いました。

関口さんは、タレントとしての心構えを一から教えてくれました。

ある時、学園モノの生徒役で出演したドラマが雑誌に取り上げられ、僕もバッチリ載っていたので、喜び勇んで関口さんに見せると、「これは〝写った〟だけだ。名前も出てない！　取材してもらって載って、初めて喜べ！」と、怒られて……。

今なら、自分の名前で仕事ができれば一人前、と理解できますが、当時は、思わずムッとしてしまいました。子供でしたね。

また「とにかく本を読め」が口癖で、会うたびに、5冊ほど課題図書を渡されました。ヘミングウェイから『週プロ』まで内容も傾向もまちまちでしたが、このときの乱読で吸収した知識は、今も僕の血となり肉となっています。

不安を覚悟に変えた一言

秋になると、同期のデビューの噂も耳に入ってきます。僕はこの頃、ある映画のオーディションでイイ線まで行っていたのですが、待てど暮らせど、結果の連絡がこない。これでダメなら事務所にいられなくなるかもと、恐怖と焦りで、関口さんを質問攻めにしました。

「あの映画どうだったんですか？　俺、大丈夫ですか？」

関口さんは、そんな僕を制し、こう言いました。

「中山、俺が『ここにいろ』って言っているんだから、いろ！　その代わり、俺が『群馬に帰れ』って言ったら帰ってくれ。まだ一からやり直せるから、しっかり学校を出て大学にだって行ける。その時は、帰りの電車賃と弁当は持たせてやるから。だから、それまでは、ここにいろ」

寮に帰る中央線で、涙が止まらなくなりました。不安で不安で仕方なかった僕には、もう、この言葉だけで十分でした。「この人に人生を預けよう」と、目の前のレッスンに全力で取り組むことに決めました。ちょうどこの頃、お笑いプロジェクト「BIG　THURSDAY」も始まりました。コントやトークのレッスンには、歌や芝居で感じられなかった手応えがあり、それまでとは明らかに違う、日々成長している実感を覚えていました。

とはいえ、実際に仕事のオファーが来るわけでなく、現実は、悶々とした気持ちを抱えながら、レッスンを終えて寮へ帰るだけの毎日。クリスマスイブの夜もそれは同じでしたが、寮に着くと、なぜか、階段の下に、関口さんが立っていました。

「中山、受かったぞ！」

手には、例の映画の台本が握られていました。

「見ろ、お前の役だ。やったな！」

「うわー！　やったー!!　やったよー!!!」

ついに名前のある役をつかんだ嬉しさに、住宅街で大声を出してしまいました。

「中山、うるせえよ！」と言った関口さんにも満面の笑みが浮かんでいました。

初めて役名が付いた映画『パンツの穴〜花柄畑でインプット〜』。

その台本は、17年生きてきた中で、一番嬉しいクリスマスプレゼントでした。

映画が公開された1985年4月、僕は『ライオンのいただきます』でテレビデビューも果たすことができました。

「取材してもらって載って、初めて喜べ！」

雑誌の片隅に載って喜び、国立寮のナンバーワンを目指していた僕は、関口さんとの二人三脚で、芸能人として本格的にスタートを切ることができ、少しずつ「芸能界の真ん中へ行きたい」と、目標が変わっていったのでした。

【デビューまでのピンチで学んだ、明るく生きるヒント】

◉夢の入口に立つまでには「思い込み」も必要
◉ピンチも「思い」で乗り越えられるが、体調管理には注意
◉夢を「仕事」にするには「置かれた現実」に向き合う
◉自分の「なりたい姿」を具体的に思い描く
◉「経験」を棚卸しし、自分なりの「強み」を見つける
◉自分の「可能性」を信じてくれた人に、全力でついていく

中山流　聞くチカラ　その極意と注意点

人は誰でも話が面白い

「中山秀征は〝一番近い客〟としてトスを上げ続けている」

ラジオの帝王・伊集院光さんが、ある配信番組で僕の「インタビュー術」をこう評してくれました。このシーンを見た時、とても嬉しかったと同時に、伊集院さんの分析力に心底驚きました。

番組MCとして〝聞き手〟になる機会が多い僕が、人の話を聞く時に最も心掛けていることが、まさに「一番近い客になる」ことなのです。

大物俳優から、ロケ先で突然カメラを向けた商店街のおじさんまで、スタジオ収録やロケで本当に大勢の方のお話を聞かせてもらいました。

そこで感じたのは、人は誰でも、その人だけが体験した「面白い話」を持っているということ。

そして、その面白さを〝テレビで伝える〟ために大切なのは、聞き手が、一番理解力のある客、ノリの良い客であることではないかと考えるようになりました。

良い客がいれば、話している方は楽しくなってきますし、それを見た他の客（テレビなら視聴者）もだんだんとノッてくる。だから僕は、ゲストにノッてもらうために、トーク中に「相槌」をどんどん入れていきます。

「うん！」「それで？」「マジですか！」と、前のめりの姿勢で聞き、時には「それは腹が立ちますね〜」と相手と同じ気持ちになる。すると、話している方も、だんだんとノッてきて、トークのギアが上がってくる。あえて前時代的な言い方をしますが、ストリップの最前列の客のようなつもりです（笑）。

「よ！」「待ってました！」「次はそろそろ〜」と、いいタイミングで声をかけて、ゲストに気持ちよく脱いで、いや、話してもらって、「いやぁ、ついノセられて」と、思わぬサービストークがポロリと出ることも……。

僕は〝聞き上手〟よりも〝ノセ上手〟であろうと心掛けています。

逆に、聞き手の方がノッていなければ、つまらなく見えてしまう。つまらなく見せるのは、実は簡単なんです。

ＭＣがイスの背もたれに寄りかかり、真顔で「あぁ、そうなんですねぇ」なんて言っていれば、どれだけ面白い話もつまらなく見えてしまう。昔はそんな風に若手を潰しに来る怖い先輩もいました……。

日本一の客・高田文夫の〝合いの手〟

「前のめりで話を聞き、積極的に相槌を打ち、目の前の人に気持ちよく話してもらう」

この技術において、芸能界ナンバーワンの実力者といえば、放送作家の高田文夫先生です。

『オレたちひょうきん族』や『ビートたけしのオールナイトニッポン』をはじめ、数々の大ヒット番組で構成を務めた高田先生は、東京・渋谷生まれの生粋の東京っ子。70年以上、関東を中心に、日本の〝笑芸〟を見続けてきた、お笑い界の生き字引です。

オールナイトニッポンでは、たけしさんの話に「ブワッハッハ！」と豪快に笑い、抜群のタイミングで合いの手を入れてマシンガントークを盛り上げる〝合いの手の名人〟。

そのノセる技術は、たけしさんから「日本一の客」と称されたほどです。

自ら演者としてテレビやラジオに出ることも多く、今年、放送開始35周年を迎えた『高田文夫のラジオビバリー昼ズ』を聴くと、70代も半ばを迎えているとは思えないマシンガントークを繰り広げています。

そんな高田先生には、テレビデビューした1985年からお世話になっています。当時僕は、都内のマンションで、相方の松野さんと、マネージャーの関口さんと、男3人の共同生活をしていたのですが、高田先生は、そのマンションに、時々、ひょっこり顔を出してくれたのです。

どこかで一杯ひっかけた高田先生が「陣中見舞いだよ」とご陽気な声で現れるのは、いつも決まって、深夜0時を過ぎた真夜中……。

パジャマ姿の僕と相方が眠い目をこすりながら挨拶すると、先生の二言目は、あのギョロ目をさらに大きくして「さあネタ見せてもらおうか！」。そう、突然、〝ネタ見せ〟が始まるのです。

あの高田先生にネタを見てもらえるなんて、若手お笑いコンビにとっては「夢のような時間」で、本来なら緊張してしまうものですが、僕らはついさっきまで、寝室で〝夢の中〟にいたから、緊張する暇もない(笑)。

寝ぼけた声で「では、学園コント、つっぱり」とネタのタイトルを告げると、高田先生から、「よっ！　待ってました！」と、あの名調子が飛んできます。

「先生、ストリップ劇場じゃないんだから……」と、いつも、困惑しながらコントを始めるのですが、「ブワッハッハ！」「いいね、バカバカしくて」「可笑しいね、どうにも」という、先生の笑い声と、合いの手を聞いているうちに、どんどん目が冴えて、ノッてくるのです。

そんな調子で、立て続けに何本かネタを披露すると、今度は、高田先生から「ヒデ、おでん買って来て」というセリフが飛んできます。

コンビニに……ではなく、でっかいお鍋を抱えて、近所の屋台まで走って買いに行き……。おでん鍋を囲みながら、高田先生にネタのアドバイスをいただく時間は、得難い体験でした。

高田先生の突然の来訪には、たとえカメラが回っていない時でも、いつ、何時、誰の前であっても、「振られたらすぐに応える」という、タレントとしての瞬発力や対応力を相当鍛えていただきました。

何よりも、日本一の客・高田文夫の繰り出す、寝起きの若手さえも気持ちよくノセてしまう、「合いの手のチカラ」を体感できたことは、本当に貴重でした。

〝ノセ上手〟を心掛ける僕のＭＣの源流は、間違いなく〝高田流〟ですね。

あれから40年近く経った今も、高田先生には温かい目で見守っていただいています。

僕が毎年開催している昭和歌謡のライブにも毎回足を運んでくれて、いつまでも、子どもの成長を見ているかの様に思ってくれているんですね。

先生、また、いつでも「おでん買って来い」と声をかけてください！

ロケバスを死なせない

僕がノセ上手であるために心がけていることを一つご紹介します。

それは、ロケの移動に使う車、ロケバスで積極的にコミュニケーションをとること。『ウチくる⁉』のように、ロケ番組で丸一日ゲストと一緒にいるような時は、カメラが回る直前のタイミングで「はじめまして」と挨拶しても、トークが盛り上がるまで、どうしても時間がかかります。

それなら、「もう始まる前に雰囲気を柔らかくしちゃおう」ということで、ロケバスでたっぷり話をして、本番は「10年来の親友」ぐらいでスタートしたいと。

カメラが回っていないと、意外な魅力を発見することもあって……。

あれは『ウチくる⁉』に郷ひろみさんが来てくれた時でした。

ロケバスで僕が「郷さんって、マックとか行くんですか？」と聞くと、「あまり行かないなぁ、でもこの間、子どもに頼まれて買いに行ったよ」と。

あの郷さんが、お子さんに「お使い」を頼まれている姿を想像すると……。遠くに感じていたスターの姿が、ぐっと身近になります。

そんな〝意外な顔〟を、オンエアのトークに生かしゲストをノセやすくできるのも、ロケバストークの強みなんです。

自分がゲストに出て「盛り上がりに欠けるな」と感じた番組のロケバスは、だいたい、MCが後ろの方に座って休んでいて、他の演者も寝ていることが多いように感じます。

僕は、これを「ロケバスが死んでいる」と表現するのですが、『ウチくる!?』では「ロケバスを死なせない」を合言葉に喋り続けていました。

丸一日のロケはただでさえ疲れるのに、バスで寝られない、休めないわけですから、僕らはそれに慣れていても、ゲストの皆さんは、帰る頃にはヘトヘトになっていましたね……（すみません）。

ロケ番組ならロケバスで、スタジオ収録なら前室（収録スタジオの手前にある待ち合いスペースのような部屋）で、積極的にコミュニケーションを取るためには、事前にリサーチして、ゲストを「知っておくこと」も、もちろん大切です。

ただ、僕はその際、気を付けていることがあるんです。それは、「お客さんの視点」でその人を知ろうとすること。

用意してもらった資料や、ネットで調べた情報に目を通すだけでなく、「この人、どんな人だろう?」と興味を持って、出演した作品や公演に目を通し、同業者同士ではなく、お客さんとしての「ゲスト像」を持っておく。

視聴者の方となるべく同じ感覚でゲストを見たうえでコミュニケーションをとれば、「みんなが知りたい情報は何だろう?」「これは、みんなが知らない意外な姿だろう」と、ゲストの話を聞いたり、話を振る時の判断材料にすることができるんです。

徳光和夫さんの〝リサーチ力〟

「お客さんの視点でゲストを知ろうとする」姿勢は、若い頃からお世話になった、フリーアナウンサーの徳光和夫さん、徳さんの背中を見て学びました。

毎年大晦日の『年忘れにっぽんの歌』(テレビ東京系)では、徳光さん、竹下景子さんと3人で司会をご一緒させていただいています。

徳さんは、共演するゲストの作品や、芸能生活のターニングポイントとなった出来事、さらに、その時の印象的なコメントに至るまで、ゲストのことを本当に良く知っています。

さらに凄いのは、その膨大な記憶を決して忘れず、いつでも引き出せること。

『年忘れにっぽんの歌』では、イントロに乗せて、徳光さんが名調子で曲紹介をする「口上」も大きな見どころです。実はあの口上、全て、徳光さんご本人が考えているんです。

楽曲の情報や歌手の経歴だけでなく、歌い手の「経験」や「人生」まで織り交ぜた言葉を、記憶の引き出しを頼りに本番直前まで練り上げ、それをイントロの尺ピッタリで紹介する。

決して真似できない〝達人の口上〟に、収録会場のお客さんが涙する姿や、歌手の皆さんが、徳さんの名調子に〝ノッて〟、気持ちよくパフォーマンスする姿を何度も目にしています（今年の大晦日は例年以上に「口上」にも注目して、匠の技術をぜひご堪能ください）。

徳さんは、ゲストを「知る」ために、様々な芸能人のコンサートや舞台に足を運んでいます。それだけでも凄いのですが、さらに驚くのは、全て自腹を切っていること。

僕らの世界では、同業者を公演に招く時、「招待チケット」を送る慣習があります。

しかし、徳さんは招待を断り、必ず、自分でチケットを購入して足を運ぶのです。自分のお金で、自分の目で、お客として感じた、実感を言葉にするからこそ、徳さんは「生きた言葉」を紡ぐことができるのだと思っています。

徳さんには及びませんが、僕も司会者としてゲストと「生きた会話」をするため、なるべく、自分の足で稼いだリサーチをするようにしています。

もちろん、スマホでゲストの情報をしっかりさらっておけば、収録前にコミュニケーションをとり、トークを盛り上げることはできるでしょう。

ただ、それだけではどうしても「情報」や「経歴」中心の表層的なトークになり、時には、「この人さっきウィキペディア見たな」とバレ、ゲストが冷めてしまう可能性も……。

やはり、スマホだけでは、徳さんのような「生きた言葉」「生きた会話」には及びません。ちなみに、徳さんがスマホを使うのは、馬券を買う時だけらしいです(笑)。

ロケバスで寝ない僕と、収録中のバスで寝てしまうこともある徳さんとでは、ロケ番組のMCとしてはかなりタイプが違うかもしれませんが、ゲストにノッてもらうため、「人に興味を持ち、お客さんの視点で知ろうとする」姿勢は、間違いなく、徳光さんの影響を大きく受けています。

雑談が苦手な人こそ「ノセ上手」

ＭＣ術は当然十人十色で、「一番近くにいる、ノセ上手の客でありたい」というのは、あくまで僕のスタイル。ですが、実はこれって、テレビ番組に限らず、普段の会話でも同じなんじゃないかと最近思うようになりました。

たまに「私って雑談が苦手で……。どうすれば聞き上手になれますか？」なんて相談をしてくる方がいます。そういう方の話を聞くと、会話の時、「自分が何を話しているか」とか「自分は上手に聞けているか」とか、とにかく意識が「自分」に向き過ぎるあまり、肝心の「相手が何を話しているのか」が分からなくなっているケースが少なくない気がするんです。

そうなると、相手もノッてこないから会話の熱が冷めてしまう……。相手をノセるためには、話をよく聞いて、ノセるポイントを見つけなければいけませんから、「聞き上手になりたい」という人ほど、まずはノセ上手を心掛けて、相手の気持ちの良いポイントを探るところから始めてみてはいかがでしょうか？　結果的に「聞き上手」になって、会話がスムーズになるかもしれません。

ただ、僕のキャリアの中で、この「ノセる会話術」が全くと言っていいほど通じなかった相手が一人いたんです……。

MC人生最大の惨敗　VS沢尻エリカ

約40年、色々な番組のMCをやらせてもらいましたが、その中で一番のピンチ、というより、一番情けなかった、とでも言いましょうか。そんな場面を挙げるなら、間違いなく、女優・沢尻エリカさんに喫した〝惨敗〟です。

僕のMC人生の転機となった2007年のあの日の話を聞いてください。

日本テレビ系の生放送番組『ラジかるッ』（2006〜2009年）のトークコーナーに、主演映画のPRのためゲスト出演した沢尻さんは、スタジオに入ってきた瞬間から、一目でわかるほどの威圧感を放っていました。いわゆる〝番宣ゲスト〟のテンションが低いのは、実は〝あるある〟で、そんなゲストにも〝ノッて〟もらうのがMCの役割。こういう時こそ、腕の見せ所でもあります。

コーナーが始まる前のCM中、沢尻さんに「はじめまして。でしたっけ？」と聞きました。

というのも、実際には彼女が新人の頃、『THE夜もヒッパレ』で何度も共演していています。でもあえて〝はじめまして感〟を出せば、「中山さん、覚えてないんですか？　ひどーい！」「いや、エリカちゃん、もちろん覚えてるよ〜」なんてやり取りで場が和むのではと思ったのですが……。

沢尻さんは「そうですね」とだけ言い目も合わせない。ファーストコンタクトは大失敗。異様な雰囲気の中、コーナーが始まりました。

沢尻さんには事前に「放送で答えられる質問」を選んでもらっていました。最初の質問は「噂の『沢尻会』って本当にあるんですか？」。沢尻さんの「ないです」の回答は予定通りでしたが、あまりにピリついた雰囲気に、スタジオ中が緊張感に包まれて……。

次の質問は「弱点は何ですか？」。これ、事前に聞いていた答えは「蟻《あり》」でした。ところが、沢尻さんは「ないです」とバッサリ！

この時、フロアディレクターは「沢尻さん、答えを忘れちゃった」と焦ったようで、カンペに大きく「アリ」と書いて必死にアピールしました。「ナシ」と言っている本人の前に「アリ」の文字が躍る光景はかなり間抜けでしたが、笑える空気ではありません。

この後は「お笑い好き」だという沢尻さんの前にタカアンドトシが登場し「僕らのどっちが好きですか？」と聞く展開。心の中で「すまん」と謝りながら呼び込んだ二人は、沢尻さんの「どっちも無理」という一言に沈み……。ここで一旦CMに。

MCとしてはこの間に、なんとか打開策を見つけなければいけません。

「何の得にもならないのに、沢尻さんは生放送でなぜこんな態度を？」。僕の仮説は「キャラを演じているのでは？」でした。映画の役に合わせて、あえてヒール（悪役）に徹している。「ならば存分に演じてもらおう」と思った瞬間、待てよ、彼女の役って確か……。

CM明け、モニターに流れた映画の予告編映像を見ると、沢尻さんは、小学校の教員を目指す可憐な女子大生を演じています。「全然ヒールじゃねぇし！　じゃあ、このキャラは何？」。混乱したまま、コーナーは終了。惨敗でした。まさに世紀の凡戦。

「楽しかった」と言って帰ってもらいたい

放送の後、猛烈に腹が立ちました。沢尻さんに、ではなく、「不機嫌なゲストを、不機嫌なまま帰らせてしまった」自分の〝腕のなさ〟に。

というのも、僕がMCとして大切にしているのは、ゲストに「楽しかった」と思って帰ってもらうことです。たとえ不機嫌な感じで始まっても、自分の〝ノセる技術〟でゲストの気持ちが少しでも上向けば、その心の変化は画面を通して必ず視聴者にも伝わり、結果、面白いテレビになる。ずっとそれを心掛けてきたのに、10分間、何もできなかったのが悔しくて悔しくて……。自分の〝ノセる技術〟を過信した結果でもありました。

放送後、島田紳助さんから電話があり「ヒデ、お前凄いな。俺やったら『帰れ』言うてるわ。実際、帰らせた女優おんねん」と、慰めの言葉を頂きました。

ただ、今も紳助さんのあの言葉を振り返ると、思うことがあります。「あの時、僕があえて怒って沢尻さんを帰らせていたら、どうなっていたのか？」と。もしかしたら、その方が、彼女的には「楽しかった」のではないか……。

沢尻さんが舞台挨拶で「別に……」と言って会場を凍り付かせたのは、その翌日でした。

世にいう「別に騒動」が大きく報じられる中、僕の中には、「俺が『別に』へのトスを上げてしまったのでは……」と、申し訳ない気持ちでいっぱいでした。

9年後、『シューイチ』で沢尻さんと再びお会いし、彼女から謝られたことで和解（？）に至ったわけですが、当時を思い出すだけで、今も後悔と反省の思いに襲われます。

MCの技術に自信を持ち始めた頃でもあったので、「もっと研鑽を積まなければ」と、褌《ふんどし》を締め直す良いキッカケになりました。当時の映像は、怖くてまだ見ることができないのですが（笑）。

【聞き手の立場で学んだ、明るい会話のヒント】

◉一番近くの客として「ノセ上手」を心掛ける
◉聞き手の受け取り方で「話の面白さ」は変わる
◉自分よりも、相手に「楽しい」と感じてもらう
◉「生きた会話」には自分の足で稼ぐリサーチが必要
◉テクニックはあくまでも「手段」。過信しない

批判を「明るく」受け止めるには？

18歳でオールナイトニッポンの史上最年少パーソナリティに

「有名税」という言葉もあるように、人気商売であるタレントは、何かにつけて、良いことも悪いことも好き勝手に言われます。特にSNS全盛の今、視聴者の声、とりわけ批判を直接目にする機会が増え、心を痛める人も少なくないようで……。

この40年、何かと批判されることも少なくなかった僕ですが、初めて「批判との向き合いかた」を考えるようになったのがニッポン放送の深夜ラジオ「ANN《オールナイトニッポン》」です。

1985年秋、『ABブラザーズのANN』でラジオデビューした僕らは、ディレクターから、「オールナイトの凄さは終わってから分かるよ」と冗談まじりに言われました。ANNは基本2時間の放送ですが、僕らの場合、伝説のパーソナリティ・笑福亭鶴光さんの後任として土曜1部・2部（25〜29時）の4時間ぶっ通しでした。

他の曜日を見れば、中島みゆきさん、ビートたけしさん、とんねるずさんら、超ビッグネームが並ぶ中、当時最年少の18歳でANNのパーソナリティになった僕の重圧は……実はそれほどでもなく、〝凄さ〟は、やはり終わるまで分かりませんでした。

等身大のトークとは？

番組スタート時は、僕が高校生だったこともあり、2部を録音した後に1部の生放送に臨むという、変則的なスタイルでした。最初はペースがつかめず、2部が始まる3時から急に元気になる、なんてことも。

そんな中、特に頭を悩ませたのが、毎週のフリートークのネタでした。スタッフからは、「リスナーは中山と同世代だから、等身大のトークで」とアドバイスされるも、僕にとっては「等身大」が一番難しくて……。

というのも、小学生の頃「スターになる」と決めてからの僕は、芸能人野球大会のために少年野球を、ステージパフォーマンスのために器械体操を、将来サインを求められたときのために書道をと、行動の全てを「スターになるための予習」として、まるで「ひとり芸能学校」のように過ごしていました。

しかもこの学校、（自分で決めた）校則がやたらと厳しく、将来のスキャンダル発覚を避けるため、男女交際はもちろん、女子とツーショット写真を撮るのもNG！　なので、受験の苦労や恋愛の悩みといった、同世代の共感を呼ぶ等身大の〝経験〟は全くなく、むしろ「恋愛で悩むより、夢を叶える努力をすればいいのに」と、同世代を少し見下していた節も……。多忙になり、高校を辞めて退路を断つと決めた頃でもあったので、強がっていたのかもしれません。

結局、時事や芸能ネタなど、18歳にはやや背伸びしたトークに終始してしまいました。

「批判」が教えてくれた「本当の恐怖」

後に、色々な仕事をやらせてもらう中で分かったのですが、タレントが〝年相応の自分〟としてじっくり語れる場は意外と少なく、それができるラジオは〝等身大の自分〟を確認できる貴重な場所。テレビの売れっ子ほどラジオを大切にする理由の一つに、この〝確認作業〟があるのでは、と今は考えています。

直接「批判」を受けたのも、このラジオで初めて経験しました。

ANNには毎週大量にハガキが届きます。好意的な意見だけではなく、「あの話は不快」「そもそもあなたたちが好きじゃない」などと批判も多い。最初は腹も立つし「嫌われてる」とショックも受けました。

ただ、2年目になると「ラジオ聴いてます」と言ってくれるファンも少しずつ増え、たくさん来ていた批判のハガキも徐々に減ってきていました。

しかし、そんな頃、番組の終了を告げられました。

実は批判が減ったのではなく、批判も含めた〝ハガキの総量〟が減っていたのです。「批判すらされない」のは、単純に飽きられたということ。それはタレントにとって、嫌われるより何倍も恐ろしいことだ、と思い知らされました。

残念ながら僕らのANNは2年弱で終了してしまいましたが、それでも『ライオンのいただきます』や『夕やけニャンニャン』（フジテレビ系）といった人気番組には出ていたので、あくまでも「一つの仕事が終わった」という感覚でした。

しかし、直後から仕事のオファーは激減。この時、本当の意味で「ANNの凄さ」を痛感したのです。

深夜ラジオの金看板であるANNを任されたことは、僕らが「次代を担うタレント」であることを業界に示す「期待」と「評価」につながっていました。

しかし、それが終われば、「期待に応えられなかったタレント」と評価は一転、各局のスタッフからの興味も、急速に失われることに。

冠番組の持つ影響力の大きさも、ANNが教えてくれた大切なことでした。

ナンシー関の「酷評」が教えてくれたこと

ANNの終了をキッカケに、弱冠20歳で〝興味を持たれなくなる恐怖〟を味わってからというもの、僕は批判されても「見てくれている！」と、テンションが上がる体質になってしまって……（笑）。

それは、僕のことを「嫌い」と公言していた、あの人に対しても、でした。

「私は中山秀征が嫌いである」

1993年頃から何度も僕を批判した人といえば、2002年に亡くなったコラムニストのナンシー関さんです。彼女にとって僕は「なまぬるいバラエティー番組全盛の状況が生んだ」タレント。とにかく〝愉快ではない存在〟だったようです。

僕への批判が掲載される度に、マネージャーの関口さんが「お前また書かれてるぞ〜」と嬉しそうに雑誌を見せてくるので（笑）、内容は嫌でも目に入ってきました。

そんな批判を、当時どんな思いで受け止めていたかといえば、実は「よく俺を見てくれているなぁ」と、感心する気持ちでした。見ていなければ、「なぜ嫌いなのか？」を、何度も表現を変えて書くことはできないでしょうし、毎回少しずつ構図を変えた消しゴム版画も、見ているからこそできること。

他人の「価値観」より、客観的な「事実」

そもそもコラムとは、書き手の価値観やモノの見方で書かれるものです。笑いを突き詰める〝芸人〟が好きなナンシーさんが、司会も歌もバラエティもやる〝テレビタレント〟を嫌うのは、彼女の価値観だし、『DAISUKI!』の和気あいあいとした雰囲気を、「ゆるくて好き」と感じる人もいれば、「ぬるくて好きじゃない」と感じる人もいるのは仕方のないこと。

なので、自分が変えることのできない「他人の価値観」にショックを受けるより、好きな人も嫌いな人も、「どちらも観ている」という〝事実〟に目を向けた方が絶対に良い、と僕は思っています。

だって「ぬるい!」と言いながら観る人も、〝興味を持ってくれている〟大切なお客さんですから。

良くも悪くも、評価を受けるというのは見られている証拠。悪評も評のうちで、興味を持たれない状況に比べれば大分マシなんです。

そんなふうに何度も批判を受け、90年代も後半に入った頃でした。ナンシーさんは、突然、僕について書くのは「最後にする」としたうえで、「中山秀征は『中山秀征系タレント』の中において抜群の『中山秀征的才能』の持ち主」「『ヒデ系タレント』の中で、中山秀征はダントツ」といった、独特の〝ナンシー節〟で批判を締めくくりました（実際は、その後も少し書いていただいたみたいだけど）。

ここまでくると、逆に褒められているんじゃないかとさえ思えてしまう。これぞ、プロの批判ではないでしょうか。

ネット掲示板や、ＳＮＳが登場してから、誰かが誰かに放つネガティブな言葉に触れる機会は圧倒的に増えました。それでも、独自の価値観で人の共感を呼び、言われた側さえ唸ってしまうような「プロの批判」には、なかなかお目にかかれない気がします。

〝ネガティブな意見〟にも〝質〟があり、批判と呼べないような非難や中傷は、見るに値しない。一流のプロが真正面からぶつけてきた批判を受けたからこそ、僕はそんな風に考えるようになりました。

ナンシーさん亡き後、同じような視点でテレビ番組やタレントを批評する、ナンシー節のジェネリック版のようなコラムに触れても、まったく心が動かなかったから。

盛り上げられなかった「直接対決」

実は、ナンシーさんに対しては、後悔していることもあって……。

１９９３年秋、深夜番組『殿様のフェロモン』のスタート当初、ナンシーさんと僕の口喧嘩コーナーがあったのですが、すぐに打ち切りになってしまったんです。

電話出演したナンシーさんは一生懸命に僕をディスってくれたのですが、〝プロの書き手〟であっても〝プロの喋り手〟ではないので、口撃も遠慮気味でした。一方僕もまだ腕がなく、戸惑うことしかできず、コーナーの温度も全く上がらず……。

あの時の僕がもっと「中山秀征的才能」を発揮できていれば、〝熱い喧嘩〟とまではいかずとも〝ぬるい口論〟くらいには盛り上げられたはず。それができたなら、さらに辛辣な「プロの批判」をしてくれていたかもしれません。

芸能界初？「ラブホ釈明会見」

「批判」への向き合い方を学んだ、もう一つのキッカケは「記者会見」でした。

タレントにとっては、記者会見も「仕事」の一つです。新番組や、新CMの発表会見、結婚会見・離婚会見、謝罪会見、釈明会見などなど……。何度だって出たい会見から、できれば一度も出たくない会見まで、その中身は様々ありますが、僕はかつて、「世にも不思議な記者会見」を開いたことがあるんです。

発端は、1994年7月。新潮社の写真週刊誌『FOCUS』にこんな見出しが躍りました。「マネジャーがラブホテルにお迎え『中山秀征』の朝帰り――」。

音楽ライブの打ち上げの後ラブホテルに〝お泊り〟し、翌朝、マネージャーが、僕の愛車で迎えに来てくれた写真が載っていました。おそらく僕は〝ラブホから出てきたところ〟の写真を雑誌に掲載された最初の芸能人かもしれません。

掲載前に、新潮社のY記者がテレビ局の楽屋を訪ねてきました。

「いや〜3カ月粘って、やっと撮れましたよ」

そう笑いながら、本当は僕の〝別の熱愛スクープ〟を狙っていたこと、毎晩飲み歩く僕に張り付きながら「いつ寝てるんだアイツは」と呆れていたことなど、こちらが聞いてもいない取材秘話を延々してくれた後、最後に、「このスクープで、一回り大きくなってください」と謎の言葉をかけられて……（笑）。

でも、「独身タレントが一般女性とホテルに行った」なんて、スキャンダルに値しない。「さほど話題にならないだろう」と、タカをくくっていたのですが……。

予想は外れ、『FOCUS』発売直後から取材陣が殺到し、テレビ局や事務所、果ては自宅にまで来てコメントを求められる始末。僕は終始、無言を貫きました。というより、言葉が見つからなかった。

騒動になってしまったのを相手の女性に詫びるのは当然だけど、それは相手に直接すべきこと。この件で、マスコミに何を釈明すれば良いのか……。「世間の皆様、ラブホに行ってすみません」とでも言えばいい？　いや、ワケが分からない（笑）。それに、ラブホに行ったことで追いかけられるという状況は、単純に何かこう、恥ずかしいものでもありました。

そんな理由で沈黙していると「逃げ回る中山」「現行犯でもダンマリ」と報道が過熱し、「仕事を休み雲隠れ」と、根も葉もない噂も出てしまうまでに。そして「中山は売れて調子に乗っている」と、ついには僕へのバッシングに発展しました。結局、「何かコメントしないと収まらない」との理由で会見を開くことになったのです。

明石家さんまさんの一言で

会見前夜、釈然としないまま自宅で悶々としていると、電話が鳴りました。「お〜、ヒデ、お前明日会見やろ？」。声の主は明石家さんまさん。行きつけのクラブで僕の番号を聞いてわざわざかけてくれたようです。

「会見って言っても、どうしたらいいですかね……」。困り果てた僕の声を聞いたさんまさんは、「ヒデ、笑わせてや」とだけ言い、「ほな！」と電話は切られました。

「『笑わせて』って、収録じゃないんだから……」と困惑した次の瞬間、「あ、会見も〝仕事〟なのか」と、僕の中で考え方が変わったのをハッキリ覚えています。

迎えた会見当日、芸能リポーターから「ラブホテルで女性と何をしていたんですか？」と想定通りの質問が飛んできたので、「二人で、カラオケを歌っていました」と、答えました。もちろん、本当に歌っているワケがないのは誰でもわかります。僕の〝小ボケ〟に、会見場の空気が少し柔らかくなりました。

すると、リポーターはなおも意地悪そうに「何を歌っていたんですか？」と無粋な質問を。「何を……？」僕は、頭の中のプレイリストから出たタイトルを咄嗟に答えました。

「『よせばいいのに』（敏いとうとハッピー&ブルー）」

今度は「ハハッ」と笑い声が起き、悪くない空気のまま会見は時間いっぱいで終了しました。〝爆笑会見〟とはいかずとも〝微笑会見〟くらいにはなり、それを境に騒動はピタリと収束。「中山は調子に乗っている」というバッシングも、「中山は調子のイイ奴だ」と、ある意味〝キャラクター〟に変わっていったのでした。

正論より面白味を

「誰だってラブホテルくらい行くでしょう⁉　何を謝罪するんです？」

会見で僕なりの正論を振りかざし、記事の誤解を正していたらスッキリしたかもしれません。ただ、それでは、タレントとして面白味に欠けたでしょう。

というのも、報道陣や視聴者・読者が見ていたのは、中山秀征個人ではなく、あくまでも、恥ずかしいスキャンダルを報じられたタレント〝ヒデちゃん〟の姿。だから、不謹慎と言われても「絶対に明るい会見にしたい」と信念を持って臨んだのです。

良くも悪くも、興味本位で言われたり書かれたりするのは、顔を晒す仕事をしている僕らにとって、逃れられない運命のようなもので、僕は〝自分から〟そういう仕事を選んだ。ならば、意に沿わない場面でも、求められれば〝プロの振る舞い〟をするのをためらってはいけない。

逆に、求められていない振る舞いをしてしまうのはプロではない。

真摯な態度や説明が求められる会見で、タレントとして〝演じて〟しまったり、逆に、タレントとしてマイクを向けられているのに、私人として不遜な態度をとってしまったり、会見で炎上する人の中には、ＴＰＯを誤っているケースも少なくないように感じます。

「今、この会見は、誰に何を伝える場で、自分の役割は何なのか？」

会見にも、ニーズがあることを教えてくれたのが、さんまさんの「笑わせてや」という一言でした。さすが、自身の離婚発表会見で顔に×印を書いて臨んだ〝お笑い怪獣〟です。

この騒動以降、たとえ批判を浴びても、それは僕の人格を否定しているのではなく、〝タレント・中山秀征への意見〟と考えられるようになり、気持ちが楽になりました。新潮社のY記者の言う通り、スクープを通して一回り大きくなったのかもしれませんね。

【「批判」を明るく受け止めるヒント】

◉嫌われても、興味を持たれないよりマシ
◉変えられない「他人の価値観」は気にしない
◉ネガティブな意見にも「質」がある
◉批判は「人格否定」ではなく「役割への意見」

渡辺プロへの大逆風
最大のピンチで学んだ「現実」と「原理原則」

芸能界に、はじめて覚えた「怒り」

「ナベプロじゃねえだろ！」

新人の頃、マネージャーによく叱られました。1960年代から70年代にかけ日本のエンターテインメント界を席巻した、「渡辺プロダクション」の略称「ナベプロ」。ついそう略してしまう度に、『ナベ』なんて呼ぶな。ちゃんと『渡辺プロ』と言いなさい」と叱られて……。わが社の新人が一度は経験した〝渡辺プロあるある〟です。

多くのタレントと社員が敬意と畏怖の念を抱いていた渡邊晋社長が59歳の若さで亡くなったのは1987年。存在自体がブランドでもあった〝大黒柱〟を失った組織は、バランスを欠くようになり、会社を長く支えたスターや社員たちが続々と去って行きました。社内からは活気が失われ、若手中心の僕らバラエティ班も、先行き不安な日々を過ごしていました。

そんな僕らに活を入れたのが、バラエティ班の篠崎重さんです。

「お前ら、このピンチを逆にチャンスと思え。俺たちで、渡辺プロを何とかしてやろう！」

あのキャンディーズや小柳ルミ子さんのマネージャーも務め、会社の転機を何度も経験した篠崎さんの一言は、バラエティ班の意識を大きく変えました。歌手、俳優という〝主流〟ではない僕らは、どこかに「この会社で落ちこぼれず、生き残るためには……」という意識がありました。それが篠崎さんの言葉で、「会社を守りたい」というマインドに変わったのです。

とはいえ、看板スターではなく、スターダスト（星屑）に過ぎない僕らには、守る手段など分からず……。僕は「とにかく仕事を増やそう」と、バラエティやドラマなど、ジャンルを問わずオーディションを受けまくることにしました。

ところが、あるドラマのオーディションで「お前ナベプロ？　俺、昔っからナベプロ嫌いなんだよ。だから使わねぇ」と、いきなりプロデューサーに言われ、演技を見せる前に不合格になるなど、「渡辺プロ」への風向きが明らかに変わっているのを痛感しました。


スターを多く抱え、芸能界への影響力の大きさから「帝国」とも揶揄された会社への反発は、それまでにもありました。広く知られている例は、オーディション番組『スター誕生!』の生みの親、日本テレビの井原高忠プロデューサーが晋社長と繰り広げた〝月曜戦争〟でしょう。

しかし、井原さんのように、納得できないことを本人に直接ぶつけて戦うのではなく、亡くなった途端〝潮目が変わった〟と言わんばかりに態度を一変させるテレビマンや業界人がいた。会社の看板が大きいからこそ、受ける逆風も強く、大人たちの手のひら返しを目の当たりにした僕は、激しい怒りを覚えました。

仕事で成果を出せば、仕事は増える

「たくさんテレビに出て売れて、アイツらを見返したい!」

そんな気持ちから、関口マネージャーに、「もっと売り込んでください」とお願いしました。

ところが、「売り込みはしない。お前ら、もうテレビに出てるじゃん」と驚きの返事が。「まさかこの人、仕事への熱意を失ったのでは……」と訝《いぶか》る僕に、関口さんは続けました。「中山、テレビは〝誰か〟が観てるんだよ。その誰かが、お前らを良いと思ったら、向こうから声をかけてくれる。だから、今出てる番組で頑張れ」と。

聞いた時は半信半疑でしたが、その後、関口さんの言葉通り、一つ一つの番組を、丁寧に、大切に頑張っていると、それを観た別の番組のスタッフからオファーが届く好循環が生まれ、仕事はどんどん増えていきました。

「テレビは〝誰か〟が観ている」。出ていること自体がプロモーションなのです。

意図せず観てしまうことも多いテレビ放送の特性は、この先、映像配信のおススメ機能が優秀になればなるほど、逆に強みになるかもしれません。

渡辺プロの大ピンチと、それを切り抜けるまでを最前線で体験して学んだのは、芸能界には、潮流によって態度を変える人間が少なからずいる、というネガティブな現実と、何よりも「仕事を増やすためには、仕事で成果を出すこと」という、驚くほどシンプルな「原理原則」でした。

「芸能界は事務所のパワーゲームのみで動いている」と、やや疑いの目で見る人もいますが、僕の実感だと、芸能界で長く活躍されている方ほど、「仕事で成果を示す」という原理原則を大切に守っていると思います。観てもらってナンボ。目の前の仕事を頑張っていれば、必ず誰かが観ていてくれる。

残された人たちが総力を結集し、大きな危機を乗り越えた渡辺プロダクションは、2000年10月、世間がプロ野球の「ミレニアムON対決」に沸く中、晋社長の長女・渡辺ミキ社長率いる「ワタナベエンターテインメント」として新たなスタートを切り、傍流だったバラエティ班からも、その後、多くのスターが生まれました。

そして今も、社名を略す時、創業者へ敬意を示す伝統は残っています。

僕は、事務所名を聞かれると、今もつい「渡辺プロ」と言ってしまうのですが……。

そのうち、若手社員から叱られるかもしれませんね。

「中山さん、〝プロ〟じゃない！　ワタナベ〝エンタ〟です！」

【事務所の大ピンチから学んだ、明るく生きるヒント】

◉「主流のピンチ」は「傍流が存在感を示すチャンス」と考える
◉手を抜かず取り組む仕事は「誰か」が観ている
◉仕事を増やしたければ、目の前の仕事で成果を出す

第４章

それでも、テレビの未来は明るいと言える理由

コンプライアンスとの向き合い方

痛みを伴う笑いとは？

「子どもが真似たらどうする⁉」とは、昭和の時代も、コンプライアンスが叫ばれる今も、バラエティ番組への〝お叱りの声〟不動の1位です。僕の知る限り、このお叱りを一番受けた人は、お世話になった〝師匠〟志村けんさんではないかと……。

ケーキに顔を突っ込むコントを見た〝良識ある方〟から「子どもが真似したら？」と問い詰められた志村さんは、「親御さんが叱ってください」と答えたそうです。

「無責任な！」と感じる方もいるかもしれませんが、志村さんは、理由をこんな風に説明したそうです。

「子どもたちが、僕らドリフの何を見て笑っていると思います？　それは、〝やっちゃいけないこと〟をドリフがやってくれる〝痛快さ〟です。ただ、痛快だけど、やってはいけないことに違いない。真似したら、もちろん叱ってください」

受け取り方は様々だと思いますが、僕はこの説明、とても腑に落ちたのです。

というのも、今、子どもたちが熱中するYouTubeにも、危険なドッキリや、食べ物を粗末にする実験企画など、「やっちゃいけないこと」が溢れています。テレビではやりにくくなった企画が、この先YouTubeでもできなくなったとしても、また別の場所に「やっちゃいけないこと」が溢れ、子どもたちは熱狂するでしょう。

見せないようにするほど見たくなるのが子ども。ならば、なおのこと、真似しないように「叱る」ことが大切だと。

もちろん、昔も今も、そんなことは理解した上で、エンターテインメントとして楽しんでいる方がほとんどだと思います。ただ、SNSで〝お叱り〟が可視化され、炎上しやすい今の時代、コンテンツを発信する側には、さらに強いアナウンスが求められるのかもしれません。

志村けんが、早くたくさんスイカを食べられるのは、なぜ？　加トちゃんが、牛乳を何杯飲まされても吐かないのは、なぜ？

答えは、そこに人とお金と時間をかけて作った〝技術〟があるから。アイディアを練り、シミュレーションを重ねて作った〝安全な仕掛け〟を使って、一流のコメディアンが〝演じて〟いるから、危険に見えて面白い。安易に真似できないし、下手に真似をすると、いろんな意味で〝ケガをするぞ！〟と……。

「タネ明かしは無粋」と、僕も思います。でも、いわゆる「痛みを伴う笑い」の多くが、「痛みを伴うように見える高い技術」であることを、テレビはそろそろ、本気で説明する時期にきているのかもしれないのです。

コンプライアンスの本来の意味

コンプライアンスとは本来「ルールを守ること」のはず。それが、テレビの現場では、「誰からも叱られない」のような意味に置き換わり、〝やらない理由〟にされている気がしています。

たくさんの人が観て、心から楽しめる番組を創るために、それぞれの現場が〝ルール〟を作り、技術を高め、「安易に真似ちゃダメ」と注意喚起した上で世に送り出す。その方が、本来のコンプライアンスの意味に近いのでは……なんて思うのです。生意気ながら（笑）。

「安易な真似」といえば……銅像に扮したハナ肇さんを、後輩がブラシでゴシゴシ洗う、かつて『新春かくし芸大会』で定番だったコントを、2000年代のある特番が復刻させた時、銅像役の笑福亭鶴瓶さんを〝本物の洗剤〟と〝デッキブラシ〟で洗ってしまう〝事件〟が起こりました。現場に技術が継承されていないことを示す象徴的なエピソードです。

もしかしたら、「安易に真似たら危険」は、見る側だけでなく、作る側にこそ最初にアナウンスしなければいけないルールなのかもしれません。

90年代の終わりごろ、志村さんとダチョウ倶楽部の竜ちゃんと3人で行った居酒屋のテレビに、ドリフのコントのようなセットでゲームをするバラエティ番組が流れていました。それを見た志村さんが、「あれ、ちゃんと真似しないと、危ないんだよなぁ」と、心配そうな顔で呟いていて……。

今もバラエティ番組で度々起こる事故のニュースや、YouTube に溢れる〝雑なドッキリ〟を見るたび、あの時の師匠の顔を思い出してしまうのです。

「反響」が「炎上」に

「ヒデさん、そのトーク、コンプラアウトですよ!」

ある番組で、突然若手から猛烈なストップをかけられました。「ウンコを漏らして」とか、そんな話だったはず。今はもう、ウンコもダメなのか……と少し驚いたのを覚えています（笑）。

そもそも「昔のテレビは何を言ってもいいメディアだった」と、勘違いしている方も多いのですが、人を傷つける類の発言のルールは昔から厳格で「放送に適さない表現」は、僕が若い頃から、割としっかりありました。ただ、配慮の範囲が狭かったのは確かで、それを、時代と共にアップデートするのは当然のことだと思います。

とはいえ、今の時代、「誰に配慮するのか」は、かなり難しい問題で……。

たとえば容姿イジリ。当人が容姿で笑って欲しいと思っていない場合は、いつの時代もアウトです。ロケ先の商店街のおじさんに脈絡なく「ハゲ」なんて言ってはもちろんダメで、相手がプロのタレントであっても、笑われたくない容姿をイジるのはハラスメント。そんな行為は当然、いつの時代も「面白くない」。

難しいのは、了解の上で成り立っているプロ同士のやり取りも、今はハラスメントと同じように扱われてしまうことです。

最近の例は生々しいので、大先輩の事例で説明します。

ザ・ドリフターズの高木ブーさんは、コントで、いかりや長介さんや志村けんさんに「おいブー」「デブ」などと、容姿を散々イジられていました。それがイジメに見えなかったのは、長さんや志村さんが必ず仕返しされ、ちょっとしたヒドイ目に遭うから。

容姿イジリ以上に「痛快な逆転劇」を楽しんでいたわけで、これは、僕が説明するまでもなく、今も昔も、視聴者の多くが〝何となく〟分かっていることです。

　当時もテレビ局に「太っている人が観たら傷つくだろう」「そもそも容姿を笑うのはけしからん」という、お叱りの声は寄せられていたようです。ただその声は、みんなが観ている証、つまり「反響」とも捉えられていました。しかし、それらが特にSNSを中心に可視化され、拡散される今、「反響」は「炎上」と名を変え、それこそ、「けしからんこと」になってしまい……。

　すると、これまで〝仕組み〟を何となく理解して楽しんでいた人たちでさえ、画面の向こうのイジリを見て、「これって炎上するんじゃ……」と妙にザワザワして楽しめない。ココが最大の問題で「観ている人が楽しめない」から、できなくなってしまう。

新しいテレビの時代への転換期

〝今のテレビ〟では、ブーさんの逆転劇も、コンプラアウトになりかねません。「人を傷つけないため」なら、配慮すべきは「傷つく相手」ですが、「炎上しないため」の場合、どこが火の元になるか分からないから、配慮の方向が無数に増えて難しい。その結果、「叱られそうだし、何より、楽しめないから」と禁止事項が一つ増え、そのルールブックはどんどん厚くなっていくのです。

テレビが公共の電波を使って放送している以上、仕方ないことかもしれませんが、このままだと、今後、「けしからんけど、面白い」は、有料の映像配信や、舞台の上だけのものになるかもしれません。

するとテレビは「誰でも観られる」という〝強み〟を活かし、生放送のニュースや情報番組、スポーツ中継といった、「今、知りたい情報」を伝えるメディアに特化していく可能性があって、もしそうなってしまったら……。実は、案外チャンスなのかもと僕は思っているんです。

というのも、生番組と中継ばかりというのは、まさに70年前〝創成期〟のテレビそのもの。もう一度スタート地点に立てば、〝テレビならではの表現〟を活かした、新しいスターやクリエイターが、きっと再び現れるはずです。

けれど、今、テレビに出ている人、作っている人たちが「テレビはもう無理なことが多くて……」と言ってしまえば、確実にテレビに未来はない。

「面白いテレビ」を作るためにこの先、守るべきルールは洗練されて、ますます変わっていくはず。その過渡期である〝過剰なコンプラ時代〟を、僕は、少し窮屈だけど、新しいテレビの時代への大きな転換点だと思うようにしているんです。

進化した新しいテレビでは、例のウンコを漏らしたエピソード、話せるかなぁ。まあそれは水に流しておいてください（笑）。

【コンプライアンスとの明るい向き合い方】

◉「やらない理由」ではなく「守るべきルール」と考える
◉仕組みを紐解き「やるためのルール」を作る
◉「窮屈」を嘆くより「進化」に期待する
◉誰よりも、出る側・作る側が「テレビの未来」を信じる

バラエティ界の大谷翔平が生まれるためには

近年、世界を舞台に〝痛快〟な活躍を見せてくれる日本人が本当に増えています。スポーツ界では、MLBの大谷翔平選手が、その筆頭でしょう。

2023年のWBC決勝戦、大谷翔平〝投手〟が、米国のトラウト選手から三振を奪い優勝を決めた瞬間のテレビ視聴率はなんと46％(関東地区の世帯視聴率)。日本中が歓喜に沸きました。2度目のMVP獲得、スポーツ史上最高額となったドジャースとの7億ドル契約と、まさに〝異次元〟の活躍を見せてくれています。

エンターテインメント界では、とにかく明るい安村くんの〝痛快〟なビッグサプライズも記憶に新しいところです。英国の人気オーディション番組で大爆笑をさらう安村くんを見た時、僕は、近い将来、日本のエンターテインメント界からも、大谷選手のような「異次元のビッグスター」が生まれると確信しました。どういうことかと言うと……。

世界一の〝師匠〟でも目指さなかった海外進出

〝師匠〟志村けんさんから聞いた話です。

「昔、お忍びで香港に行ったら、空港に大勢のカメラがいて大騒ぎになっていて、何事かと思ったら、ターゲットは俺だったんだよ」

志村さんの演じるキャラクターは、言葉が通じなくても動きや雰囲気でその可笑しさが伝わるため、特にアジア圏で絶大な人気を誇り、台湾では「爆笑天王」と呼ばれたほど。それだけではなく、『加トちゃんケンちゃんごきげんテレビ』（TBS系）で師匠が企画した、「おもしろビデオコーナー」のフォーマットは、米国や英国はじめ多くの国に輸出され世界各国で人気番組になっています。

当時も今も、師匠は、間違いなく〝世界一有名な日本のコメディアン〟なのですが、本人にはそこまでの意識はなかったようで……。

僕が「師匠、バカ殿inニューヨークとかやって下さいよ」と振っても、「できたらいいかな～」と、いつも笑っていました。

当時、日本の芸能界では、海外進出の価値はそれほど高くなく、むしろ冷笑する向きさえありました。同じ渡辺プロに所属していた俳優の吉田栄作さんが1995年に渡米した時も、「勘違いしている」なんて声もあったくらいでした。

「できるわけない」の壁が挑戦を阻む

その空気は、プロ野球界も同じだったようです。

今では信じられない話ですが、1994年に野茂英雄さんがメジャーリーグへの挑戦を表明した時、球団フロントだけでなくマスコミやOB、ファンまでもが「わがまま」「通用するわけがない」と非難し、「野茂は痛いヤツ」と笑われる雰囲気がありました。

野茂さんが大活躍し〝うるさ方〟を黙らせた後も、「イチローの振り子打法は」「松井（秀喜）でもさすがに長距離砲は」と、誰かが挑む度、「活躍できるわけない」の声はあがりましたが、彼らが結果を出していくうち、日本のプロ野球界にとって、メジャー挑戦は「夢物語」から「現実」になりました。

そしてついに、日米両国から「できるわけない」の声を浴びた大谷選手が「メジャーでの二刀流」を実現し、あのベーブ・ルースの記録を塗り替える、異次元の大スターとなったわけです。

もし「できるわけない」の〝壁〟が挑戦を阻み続けていたら、日本のプロ野球はどうなっていたでしょうか。

国内だけで盛り上がってガラパゴス化し、大谷選手級のスターは生まれず、競技レベルも人気も、今ほど高くならなかったかも……。

異次元のコメディスターとは

そして、約30年前のプロ野球に訪れたような「大きな変化」が今、日本の芸能界でも起こり始めている気がしてならないのです。

この度の安村くんの活躍やニューヨークを拠点に活動する渡辺直美ちゃんに刺激を受けた若い世代の挑戦によって、コメディアンの海外進出が「現実」になれば、その姿を見た次世代から、想像もできないようなスターが、きっと現れるはず。

僕が夢想する異次元のコメディスターは……。

動きはもちろん〝トーク〟でも世界を沸かせます。日本語、英語、中国語を操る〝そのコメディアン〟は、日本でMCの腕を磨いた後に海外進出し、なんと、3カ国の国民的バラエティ番組や報道番組でアンカーマンを務める〝国際的MC〟に。ファンの数も、SNSのフォロワーも、収入も、全て桁違い。

もしそんな異次元のスターが現れたら、〝痛快〟じゃないですか？　それともやはり夢物語でしょうか？

エンターテインメント業界は「夢を売る仕事」と言われます。

「できるわけない」と冷笑するより、とにかく明るい笑顔で「できる」と、夢に向かって前進する方が僕は好きです。

そして、そんな夢を実現してくれるビッグスターが、近い将来きっと誕生するはずです。

【若者が世界で活躍する「明るい未来」へのヒント】

◉先駆者は、いつの時代も「痛いヤツ」から生まれる
◉「できるわけない」の冷笑は挑戦を阻み、世界を狭める
◉先駆者が拓いた道から、異次元の成功者が生まれる
◉夢物語と言われても「できる」と笑って前進する

「テレビはできる！」と言い切れる理由

昭和のスターが破天荒だったワケ

生まれる前から決まっている「宿命」は変えられないが、巡り合わせで決まる「運命」は変えられる――。

若い頃、そんな話を聞いてから、僕は、スターの「宿命」と「運命」について、ある信念を持つようになりました。

当代の人気者を意味する「スター」の〝運命〟は、かつてのお正月の風物詩『新春かくし芸大会』の歴史が示しています。

1964年の初回放送からしばらくは、歌手や俳優が漫才や三味線、曲芸など、もともと身につけていた〝余芸〟を披露するおとそ気分の番組でしたが、次第に、スターが〝プロの芸〟に挑戦する特訓の過程や、演目を成功させ感動の涙を流すシーンへと見どころが変わっていきます。

昭和のスターは、歌手なら歌、役者なら芝居と〝本芸の質〟のみが求められ、逆に、本芸さえ良ければ人間性に少しばかり、いや、そこそこ難があったとしても（笑）、スターでいられました。

ただ、そんな時代だからこそ、余芸に稀少価値と魅力があったのです。

テレビが変えた「スターの条件」

ところが、家族で楽しむテレビがメディアの主役となるにつれ、テレビで活躍するスターは〝芸〟だけでなく〝人〟の部分も見られるようになり、言動も含めた〝人間的な魅力〟が、スターに求められる重要な要素になりました。

そしてSNS全盛の今、〝人〟への評価のウェイトはさらに重くなり、〝生き方〟にまで及んでいます。

テレビ時代のスターに求められる人間的な魅力に焦点を当て、「スターが挑戦する」という新たなバラエティを発明した『新春かくし芸大会』の〝型〟は、バラエティ界に波及し、2010年に番組が終了した後も脈々と受け継がれています。

さらに『世界の果てまでイッテQ！』（日本テレビ系）でブレイクしたイモトアヤコさんのように〝チャレンジ〟が人々に笑いと感動をもたらし、そこから「スター」になっていくタレントも増えています。

時代の宿命を背負った「国民的スター」

時代による価値観の変化で、求められる能力や評価も変わる——。

これは、人気商売たるスターに課せられた〝運命〟と言えるでしょう。

しかし「国民的」と呼ばれるほどの「ビッグスター」となると話は別です。


例えば、昭和の二大スター、美空ひばりさんと石原裕次郎さん。お二人とも、圧倒的な才能があったのはもちろん、それ以上に、「時代から求められた人」でした。

戦後の焼け野原から高度成長を遂げていく中、大衆が若き歌姫やヒーローを求め、エンターテインメントの中心が、映画やラジオからテレビへと移っていった時代。

世の中が大きく転換する時に現れ、その才能で時代の価値観を変えることを〝宿命〟づけられた存在——。それが国民的スターだと僕は思うのです。

日本でテレビ放送が始まってから70年、多くのスターが生まれました。ただ、宿命を背負った〝国民的スター〟とまで言われた人は、ほんのひと握り。

例えば、視聴率100%男の萩本欽一さん。『8時だョ!全員集合』のザ・ドリフターズ。そしてお笑いビッグ3。歌手ではメイクも衣装も斬新だった沢田研二さん。

それに『スター誕生！』が生んだ山口百恵さん……。

圧倒的な輝きを放ち、テレビに愛され、大衆に愛され、新たな時代を切り拓きました。


テレビの宿命と運命は？


では、そんな国民的スターたちを生み出してきた「テレビ」の宿命と運命はどうでしょうか。

誰もが手軽に娯楽を楽しめるテレビがメディアの中心になるのは「宿命」で、この70年、テレビはその「使命」を果たし続けてきました。

そして娯楽やメディア自体が多様化した今、いよいよテレビは自らの「運命」を決める時期を迎えているのではないかと。

今後も、先頭を走り、国民的スターを生んでいくのか、その役割を他のメディアと共にバランスよく担っていくのか、はたまた時代に取り残され役割を譲るのか……。

運命は変えられる――。ならば、大転機を迎えているテレビの「運命」は今、それに関わっている僕たちにかかっています。

だからこそ、テレビの中から「テレビは面白くない」と言ってはいけない。僕は、信念を持ってそう訴えたいのです。

テレビの中から「テレビがつまらない」と言ってはいけない

２０２３年、日本テレビ系の『マツコ会議』に呼んでいただき、マツコ・デラックスさんとテレビのこれからについてお話ししている時、僕は「テレビをやっている人たちが『テレビは何もできない』『テレビはつまらない』と言っちゃいけない。『テレビはできるよ』と言わないと」と、常々思っていたことを言いました。

その後、様々な方から発言の意図を聞かれることもあったので、ここで、少し掘り下げて説明させてください。

まず、テレビの中から「もう何もできない」と言ってほしくない理由は、それが、過去の〝型〟に囚われた言い訳だから、です。

大相撲の世界を描いて話題を呼んだドラマ『サンクチュアリ』(Netflix)と同じく、かつての芸能界も、良くも悪くも普通ではない、いわば〝聖域〟でした。

常識外れの豪快な振る舞いが許される代わりに「内側のルール」はとても厳しい。労働時間などメチャクチャで「24時間戦えますか」のCMが流行したバブル期には、「今日は30時終了予定」なんて言われることもザラでした。

それを理不尽とも思わず「俺も一人前になった」と素直に喜べたのは、この世界で勝ち抜くには、「内側のルール」を順守することが何よりも求められたから。現実とは遠いからこそ輝いて見える〝異世界〟ならではの価値観です。

しかし、これはテレビ業界に限ったことではないですが、関わる人が増えマーケットも大きくなると、異世界にも〝現実世界〟と地続きの〝常識〟が求められるようになります。閉鎖的で不文律も多い「ムラの掟」だけでは外の業界と渡り合えなくなる。

つまり、テレビに求められるようになった「コンプライアンス」は、決して〝窮屈なルール〟なんかではなく、逆に業界が広くなった証とも言えます。

それなのに、「昔はよかった」「今はできない」といつまでも言っているのは、過去の〝型〟に囚われた、格好悪い言い訳になってしまうと僕は思います。これでは業界はシュリンクしていく一方でしょう。

芸と華があるから響く「テレビはつまらない」

次に、テレビに出ている人に「テレビはつまらない」と言ってほしくない理由は、そのほとんどが、単なるポーズでしかないからです。

もちろん、視聴者が「テレビはつまらない」と声をあげるのは大切なことです。タレントや制作スタッフは、その声に真摯に耳を傾けなければいけません。

一方、タレントが、テレビの中からテレビ批判をするのは、実はとても技術のいることで……。

80年代中盤に「とんねるず」は、それまでのテレビの〝お約束〟を次々と壊し、若者を中心に圧倒的な支持を得ました。当時10代だった僕も、毎週ワクワクしながらテレビ画面に釘付けになったものです。

また、2000年代後半、突如テレビに現れたマツコさんは、舌鋒鋭く〝テレビ業界特有の鼻持ちならないカンジ〟を批判し、多くの人が抱いていた閉塞感や違和感をスッキリさせてくれました。

どちらも、単にテレビを攻撃したり、批判したりしているわけではなく、それまでの〝お約束〟を「壊す」という手法で、テレビの〝新たな魅力〟を見せてくれた。

これは、観る人に爽快感をもたらす〝一流の芸〟なわけです。テレビ批判を「芸」にまでするには、時代を読む鋭い眼力と圧倒的な「華」がなければなりません。

そのくらい難しいことなのに、上澄みだけを真似して、「最近のテレビはつまらない」と言って、何となく〝テレビを考えている人〟のように見せるズルい人が増えていて……。

いつからか、テレビの中から爽快感のない「つまらない」がやたらと聞こえてくるようになり、その声に同調した視聴者がＳＮＳで「テレビはつまらない」と、さらに声をあげ、それを見たタレントが、また型通りに「テレビはつまらない」と批判する……。

このループで得する人っているでしょうか？

高い技術が必要な「テレビ批判」を、ポーズとして真似するのは、そろそろやめた方がいいのではないでしょうか。

これからテレビが「できる」こと

そして、最後の「『テレビはできるよ』と言わないと」という言葉の意図は、本当に「できる」と思っているからです。僕は40年以上この世界にいますが、テレビのレベルは、様々な面で上がっている実感があります。

映像技術は日進月歩、多様なコンテンツを見て育った若い制作者の引き出しは驚くほど多い。

それに、今ではアイドルがバラエティを、芸人や俳優が報道番組の司会を難なくこなしてしまう。僕がテレビに出始めた頃には考えられなかったことです。テレビの〝型〟が浸透した証ではないでしょうか。

一方、型が成熟するほど〝型破りの魅力〟は失われていきます。
この先、テレビに「できる」ことの一つが、〝新たな型破り〟を作ることです。型を壊すのではなく、成熟した、今のテレビの型に、テレビがしばらく忘れている〝ある型〟をかけあわせたら、とても型破りな番組ができるはずで……。
僕は、そんな番組を60歳までに作りたいと密かに考えているのです。

【「テレビはできる！」と言い切れる、明るい理由】

◉新たなルール構築へ、絶好のタイミング
◉技術が進歩し、高スキルの若い世代が増えている
◉型が成熟した今こそ、新たな型破りへの転機

テレビバカでいろ!

テレビタレントとしての「目的地」

この40年、コント、歌、ドラマ、司会と様々なジャンルの仕事を経験し、テレビという広い海を必死に泳いできました。そんな中、最初はぼんやりと、しかし、ある時からハッキリと僕のテレビタレントとしての〝目的地〟が見えてきました。

それは、「作り込んだバラエティをやる」ことです。

80年代から90年代、バラエティは、コントを中心に「作り込むもの」でした。日常感を見せる『DAISUKI!』のような番組は異端で、それゆえ批判も多かったのですが、無粋なことを言えば、そこには、「作り込んでいないように見せるテクニック」があり、中には、今のバラエティの定番になっているものも少なくないと自負しています。

とはいえ、僕の中にはずっと、「作り込んだ番組を見せたい」という思いがありました。それは、テレビで多くの夢を叶えさせてもらった僕が、まだ叶えられていないことでもあります。

僕がやりたい番組、それは「音楽バラエティ」です。

歌あり、コントあり、トークあり……。テレビ黄金時代と言われた60年代、70年代に人気を博した『夢であいましょう』や『シャボン玉ホリデー』（日本テレビ系）のような。あるいは、子どもの頃から毎週楽しみに観ていた『今夜は最高！』（日本テレビ系）のような、洗練された大人の娯楽番組です。

美空ひばりさんが愛嬌たっぷりにコントを演じる姿や、タモリさんがトランペットを吹く姿に「大人ってかっこいい」「大人って面白そう」と、毎週ワクワクさせられたものでした。

しかし、僕も出演していた『THE夜もヒッパレ』が終了してから、華やかなテレビの象徴だった音楽バラエティの系譜は途絶えてしまいました。単純に時代が変わったからとも言えますが、その最大の理由は、コスパではないかと……（苦笑）。

多才なMC、一流のゲスト、優秀な演出家、作家、技術スタッフ……才能と実力のある〝プロ〟が揃わなければ、見ごたえのある音楽バラエティにはならない。

そして、稽古、セット作りなどなど、収録に要する「時間」も膨大。もちろん、それにはお金もかかります。

何よりも、そんな番組を〝毎週続ける〟ためには、並々ならぬ熱量と持続力が求められる。それでいて、番組構成上、シーンの切り替わりも多く、視聴者がチャンネルを替えるタイミング、いわゆる〝ザッピングチャンス〟も多いので、オイシイところを引っ張って視聴率を落とさないといった〝テクニック〟も使いづらい。これまでも、音楽バラエティの復活を狙った番組はあったものの、やはり壁は高く、いずれもひっそり消えていきました。

なぜ、今こそ「音楽バラエティ」なのか？

しかし僕は、今こそ「音楽バラエティを作る時だ」と強く思うのです。

なぜなら、編集技術やCGの進化で制作の効率化が進み、若い世代から実力のある演者や制作者が続々と出ている。

あとは、才能を発揮できる魅力的な〝場所〟さえあれば、日本のエンターテインメントの〝今〟を体現する、新たな音楽バラエティ番組ができるはずだからです。

そんな番組のホストは、若い頃の僕には到底務まらなかったでしょう。

しかし、テレビタレントとしてキャリアを重ねた今なら、いや、今だからこそ「できる」と思えるようになりました。

僕の中には、こうした番組こそ、「本当のバラエティ番組」だという思いもあります。そもそもバラエティは「多様」という意味。多様な才能、多様な〝面白い〟が集まれば、テレビがかつて持っていた「あの中はキラキラして楽しそう」という魅力が、年配の方には懐かしく、若い世代には逆に新鮮に映ると思っているんです。現在56歳。遅くとも60歳までにはこの夢を叶えたいですね。

実は、コロナ禍でしばらく中止していた毎年恒例の音楽ライブを、昨秋、再開しました。ステージ作りに関わってくれたプロたち、そして僕のライブを見て「音楽バラエティ」に興味を持ってくれた一流のスタッフたちと一緒に、テレビの電波から「作り込んだ音楽バラエティ」を届ける。これが今の僕の夢……ではなく、しっかりと見えている目的地です。

テレビのキラキラの正体

テレビについてお話ししてきた本書も、いよいよラスト。

最初は「一冊の本にするほどネタがあるかな？」と心配もしましたが、まだまだ語り足りなく……。

ただ、あまり長いと〝トゥーマッチ〟になります（笑）。最後は、「テレビのキラキラ」についてのお話をさせてください。

「昔のテレビって、キラキラしていたよね」と、同世代や少し下の世代が言うのをよく耳にします。僕も共感する部分がある一方、「でも、キラキラって何だ？」と常々考えていました。

そしてふと、10代の頃、関口マネージャーや番組スタッフから異口同音に忠告されたある言葉を思い出したのです。

「中山、テレビは怖いぞ。テレビは〝人〟を映すから」

演者として高い技術を持ち、綺麗事や正論を並べることができても、テレビは、技術や言葉の後ろにある、演者の「人柄」を映す。嫌な奴やズルい奴の性根は、画面を通じて、当人が想像するよりも簡単にバレてしまう。だからまずは「人としてどうあるかが最も大切だ」と。

「テレビは人を映す」

この言葉にキラキラの正体があるのでは……？

実は、僕にはこれまでスタジオが本当にキラキラ輝いて見えた瞬間が何度かありました。特に印象深いのが『徹子の部屋』（テレビ朝日系）と『笑っていいとも！』に出演した時のこと。

小さい頃から観ていた黒柳徹子さん、あのトットちゃんと共演している――。

自分を育ててくれた新宿スタジオアルタで、尊敬するタモリさんとトークをしている――。

憧れの番組で憧れの人に会い、自分の気持ちがときめいている時、目の前に広がるスタジオの景色が眩しいくらいキラキラと輝いていたのです。

そんな光景を思い出した時、キラキラの正体に近づいたような気がしました。

テレビに出ている人の気持ちがときめき、キラキラを感じると、それは画面を通して観ている人にも届くのではないか。そして、「あのキラキラした世界に自分も行きたい」と、強い憧れが生まれる。

これこそ、僕が子どもの頃に感じた「テレビの中のキラキラ」ではないだろうか。

テレビバカがときめく場所を作りたい

キラキラの正体は、出ている人たちの〝ときめき〟、いや、出ている人だけでなく、「テレビを作りたい」「テレビの現場にいたい」と、憧れと情熱で業界に飛び込んだテレビに関わる全ての人たち――愛情と親しみを込めて「テレビバカ」と呼ばせてもらいますが、そんな多くのテレビバカのときめきが、キラキラを生み出していたのだと思うようになりました。

テレビ放送開始から70年、僕はその半分以上を現場で過ごしてきましたが、演者も制作者も、スキルの高い人、デキる人が増えた一方で、現場でときめいているテレビバカは、残念ながら減っている実感があります。

テレビを効果的に使ってビジネスができる、利口な人が増えた現状は、テレビ業界が洗練され成熟した証でしょう。

そんな時代の変化を受け入れつつも、僕は声を大にして言いたい。

「テレビのキラキラはテレビバカの〝ときめき〟からしか生まれない」と。

キラキラに惹かれて故郷を飛び出してから40年、「テレビが好き」という情熱だけは誰にも負けない気持ちで業界を泳ぎ続け、テレビに育ててもらった男、テレビバカ代表である僕の信念です。

本当は、今だって現場にテレビバカはたくさんいるはず。そんな人たちが、情熱を隠しながら、利口なふりをしているとしたら……。


「バカでいろよ」

〝師匠〟志村けんさんから頂いた言葉で、僕の人生訓です。

出る人、作る人、観る人、誰もがときめきを感じ、バカでいられる場所から、明るく楽しい、とびっきりの「キラキラ」を届けたい。かつての自分のようなテレビバカを新たに生み出す場所を、今度は僕が作っていきたい――。

時代も変わり、歳をとるにつれ、目指す道を歩き続けるのは厳しくなるかもしれません。でも、諦めそうになったら、亡くなった上岡龍太郎さんの「苦しいときは登っているとき」という言葉を思い出して歩みを進めていきたい。

「テレビってキラキラしてるよね」。みんながそう言い合える日がまた訪れる時まで、中山秀征は、テレビタレント、やってます。

【これから先も明るく生きるヒント】

◉キャリアを振り返り「叶えられてない夢」を整理する
◉夢を叶えるための「目的地」を決め、笑顔で前に進む
◉「憧れ」と「ときめき」を失わず、いつまでも「バカ」でいる

あとがき

最後まで読んでくださって、本当にありがとうございます。

「後説《あとせつ》」としてもう一つだけお話を……。


この40年、僕は「提案には乗ってみる」スタンスで仕事をしてきましたが、実は最初に「本を書く」という仕事だけは断っていました。

「本を書きませんか？」と提案されたのは、今から10年ぐらい前のこと。僕のマネージャーを20年近く務めてくれている大川内くんから、こう言われました。

「芸能界で学んだことや、結婚、子育て、これまでの経験を、書いてみませんか？」

その時は「俺がやってきたことは特別じゃない普通のことだから」と断ってしまったんです。照れもあったし、「自分はまだ何も成し遂げていない」という思いも強くて……。

ただ、その時、大川内くんは、こうも言ってくれました。

「いつも中山さんが僕らに話してくれていることは、芸能界の話というより、社会人として参考になるんですよ。聞いていて面白いし、元気が出る話ばかりですし……」

「面白い」「元気が出る」、この言葉がずっと心のどこかにひっかかっていて……。


僕はなぜ、大変な状況も「つらかった」ではなく、「面白かった」と思えたのか？

この「自分への問い」が、『週刊新潮』さんのオファーを受けるきっかけの一つになった、というのは「まえがき」でもお話ししましたが、連載を進めていくうちに、その答えは「自分のことを、少し客観的に見ているからではないか」と考えるようになったのです。


例えば、苦労してせっかく入った渡辺プロを3カ月でクビになりそうな大ピンチも、当時から「夢を叶えるために上京したのに、歌も芝居も失格の烙印を押された……」と苦悩するだけではなく、「この人(＝俺)、呼ばれてもいないのに上京して、芸能界をクビになりかけてるよ！　おい！　この先どうするのよ？」と、自分の状況を少し〝他人事〟として面白がっている自分がいたことに気づいたんです。

だからこそ、ピンチを振り返って人に伝える時も、「あれは大変だったけど面白かった」と、笑って話せるのかなと。

本書では「一番近い客になってゲストをノセる」という僕なりのMC術を紹介しましたが、もしかしたら、僕自身が、中山秀征というタレントの人生を、一番近い客として観察して、合いの手でノセながら、一番楽しんでいるのかもしれません。

そんな、自分自身の一番の客である僕が、40年の芸能生活を振り返って改めて思うのは、中山秀征というタレントは、芸能界の先輩、テレビ業界や事務所のスタッフ、友達、家族……人生に関わってくれた多くの「人からの学び」で出来上がっているということ。

「人から学ぶ、人に語り継がれて学ぶ」

これは、19年続いた『ウチくる!?』の最終回の挨拶で僕が述べた言葉です。

放送では「番組を通して一番勉強したこと」という意味で言いましたが、改めて、僕の人生を象徴する言葉だなと、感じています。

人生に関わってくれた、全ての人に感謝。

そして、これからも、どうぞよろしくお願いします。

初出　『週刊新潮』2022 年 8/11・18 号～ 2023 年 7/27 号
「テレビタレント、やってます。」を再構成して加筆修正しました。

構成　相川健一
カバー写真　青木登（新潮社写真部）
スタイリスト　上野健太郎
ヘアメイク　竹中真奈美
衣装協力：株式会社エヌ・ケー・クラシイック「STILE LATINO」

いばらない生《い》き方《かた》　テレビタレントの仕事術《しごとじゅつ》

発　行　2024年5月20日

著　者　中山秀征《なかやまひでゆき》

発行者　佐藤隆信
発行所　株式会社新潮社
〒162-8711　東京都新宿区矢来町71
電話　編集部　03-3266-5611
読者係　03-3266-5111
https://www.shinchosha.co.jp

装　幀　新潮社装幀室
組　版　新潮社デジタル編集支援室
印刷所　大日本印刷株式会社
製本所　大口製本印刷株式会社

ISBN978-4-10-355641-1 C0095